«Dos pastores de l[...] para compartir sus experiencias pastorales en lugares difíci-les. A Mike McKinley y Mez McConnell les importa lo que la Biblia dice, se preocupan por la gente y se preocupan por la iglesia local. Sus relatos transmiten amor, alegría, humor, y sabiduría. Es mi oración que este libro convincente y persua-sivo anime a otros a trabajar para propagar el evangelio donde hoy no hay testimonio».

Mark Dever, Pastor principal, *Capitol Hill Baptist Church,* Washington, D. C.; Presidente, 9Marks

«Mez McConnell y Mike McKinley han escrito un li-bro que necesitamos. *La iglesia en lugares difíciles* es una obra oportuna que instruirá a una generación que se toma en se-rio llevar el evangelio y ver iglesias establecidas en contextos y situaciones difíciles. Aquellos que tienen los conceptos más altos de Dios y de la gracia deberían ser los más apasiona-dos por ver a la iglesia congregada en los lugares más difíciles. Mez y Mike nos estimulan a llevar a cabo esta tarea».

J. Ligon Duncan III, Rector y Director General, *Reformed Theological Seminary,* Jackson, Mississippi

«¡Por fin un libro acerca de este vital aspecto de la misión del evangelio, el cual es rico bíblicamente, centrado en el evan-gelio y enfocado en la iglesia! Ha sido escrito para el cristiano promedio, por dos tipos implicados en el asunto. *La iglesia en lugares difíciles* es un regalo para la iglesia».

Jared C. Wilson, Director de Estrategia de Contenido, *Midwestern Baptist Theological Seminary*

«McConnell y McKinley nos han hecho un gran servicio colaborando en escribir este libro comprensible, apasionado e importante. Rara vez he leído algo con tal mezcla de anhelo por el evangelio y duro realismo. Probablemente esto es así porque está escrito por personas que lo han vivido (no es solo teoría). Quiera Dios conceder que una multitud de personas así surja a raíz de este libro, para la tarea vital de alcanzar a aquellos que no son ni fácilmente ni frecuentemente alcanzados».

Steve Timmis, Director Ejecutivo,
Acts 29 Church Planting Network

«Si tu corazón se siente movido a compasión por los débiles y los que sufren en el mundo, entonces debes adquirir este libro. Pero he de advertirte; no es el tipo de libro que te imaginas. Es el libro que necesitas leer. Mike McKinley y Mez McConnell sostienen que aunque es despiadado ignorar las necesidades de los débiles y de los que sufren, su mayor necesidad es la misma que todos tenemos: apartarse del pecado, abrazar a Cristo, y crecer en la gracia y el conocimiento de Cristo en una sana comunión de creyentes comprometidos los unos con los otros bajo el fiel liderazgo de pastores responsables, que equiparán a la iglesia para un ministerio continuo. Aparte de esto, solo estaremos satisfaciendo necesidades temporales, sin ofrecer la esperanza de una vida cambiada ahora».

Juan R. Sánchez Jr., Pastor principal, *High Pointe Baptist Church*, Austin, Texas

OTROS LIBROS DE 9MARKS

El pastor y la consejería: Los fundamentos de pastorear a los miembros en necesidad, Jeremy Pierre y Deepak Reju (2016)

¿Qué es una iglesia sana?, Mark Dever (2016)

¿Soy realmente cristiano?, Mike McKinley (2014)

El evangelio y la evangelización personal, Mark Dever (2013)

¿Qué es el evangelio?, Greg Gilbert (2012)

EDIFICANDO IGLESIAS SANAS
Editado por Mark Dever y Jonathan Leeman

El evangelio: Cómo la iglesia refleja la hermosura de Cristo, Ray Ortlund (2016)

Los ancianos de la iglesia: Cómo pastorear al pueblo de Dios como Jesús, Jeramie Rinne (2015)

La evangelización: Cómo toda la iglesia habla de Jesús, J. Mack Stiles (2015)

La predicación expositiva: Cómo proclamar la Palabra de Dios hoy, David R. Helm (2014)

La sana doctrina: Cómo crece una iglesia en el amor y en la santidad de Dios, Bobby Jamieson (2014)

La disciplina en la iglesia: Cómo protege la iglesia el nombre de Jesús, Jonathan Leeman (2013)

La membresía de la iglesia: Cómo sabe el mundo quién representa a Jesús, Jonathan Leeman (2013)

LA IGLESIA EN LUGARES DIFÍCILES

*Cómo la iglesia local trae vida
a los pobres y necesitados*

MEZ McCONNELL &
MIKE McKINLEY

PREFACIO DE BRIAN FIKKERT

La iglesia en lugares difíciles: Cómo la iglesia local trae vida
a los pobres y necesitados
Copyright © 2017 de 9Marks para esta versión en español

Publicado por 9Marks
525 A Street Northeast, Washington, D. C., 20002, Estados Unidos

Publicado por primera vez en inglés en 2016 por Crossway, 1300
Crescent Street, Wheaton, Illinois 60187, bajo el título
*Church in Hard Places: How the Local Church Brings Life
to the Poor and Needy*
Copyright © 2016 de Mez McConnell y Mike McKinley

Con agradecimiento a Crossway por la cesión de los derechos.

Traducción: Javier Pérez Albandoz
Revisión: Patricio Ledesma

Diseño de la cubierta: Rubner Durais

Las citas están tomadas de la Versión Reina-Valera 1960
© Sociedades Bíblicas Unidas, excepto cuando se cite otra.
Usada con permiso.

Paperback ISBN: 978-1547132096

ÍNDICE

ACERCA DE LA SERIE

La serie de libros 9Marks se basa en dos ideas básicas. En primer lugar, la iglesia local es mucho más importante para la vida cristiana de lo que muchos cristianos hoy en día son conscientes. En 9Marks creemos que un cristiano sano es un miembro de iglesia sano.

En segundo lugar, las iglesias locales crecen en fuerza y vitalidad cuando organizan su vida en torno a la Palabra de Dios. Dios habla. Las iglesias deberían escucharle y seguirle. Es así de simple. Cuando una iglesia escucha y sigue, empieza a parecerse a Aquel a quien está siguiendo. Refleja su amor y santidad. Muestra su gloria. Una iglesia se parecerá a él a medida que le escuche. Por esta razón, el lector se dará cuenta de que las «9 marcas», que han sido tomadas del libro de Mark Dever *Una iglesia saludable: Nueve características*, (Publicaciones Faro de Gracia, 2008), empiezan con la Biblia:

* la predicación expositiva;
* la teología bíblica;
* un entendimiento bíblico del evangelio;
* un entendimiento bíblico de la conversión;
* un entendimiento bíblico de la evangelización;
* un entendimiento bíblico de la membresía de la iglesia;
* un entendimiento bíblico de la disciplina en la iglesia;
* un entendimiento bíblico del discipulado y el crecimiento; y
* un entendimiento bíblico del liderazgo de la iglesia.

Se puede decir más acerca de lo que las iglesias deberían hacer para estar sanas, como por ejemplo orar. Pero creemos que en la actualidad estas nueve prácticas son las que se pasan por alto con mayor frecuencia (a diferencia de la oración). Así que nuestro mensaje fundamental a las iglesias es: no os fijéis en las mejores prácticas de negocios o en los estilos más novedosos; mirad a Dios. Empezad escuchando la Palabra de Dios otra vez.

De este proyecto general surge la serie de libros de 9Marks. Estos volúmenes tienen la intención de examinar las nueve marcas más de cerca y desde diferentes ángulos. Algunas se centran en los pastores. Otras, en los miembros de la iglesia. Esperamos que todo se combine con examen bíblico, reflexión teológica, consideración cultural, aplicación colectiva, e incluso un poco de exhortación individual cuidadosa. Los mejores libros cristianos son tanto teológicos como prácticos.

Es nuestra oración que Dios use este libro y los demás para ayudar a preparar a su novia, la Iglesia, para que en el día de su venida esté radiante y esplendorosa.

PREFACIO

Una de las tendencias más significativas de las dos últimas décadas ha sido el renovado compromiso de los cristianos evangélicos en la lucha contra la pobreza. Una avalancha de libros, conferencias y ministerios está movilizando y capacitando a los cristianos para el mandato bíblico de «hacer justicia, y amar misericordia» (Mi. 6:8). Esta tendencia es verdaderamente emocionante, ya que preocuparse por los pobres es una de las tareas centrales de Jesucristo y sus seguidores (Lc. 7:18-23; 1 Jn. 3:16-18).

Desafortunadamente, también ha habido una segunda tendencia: un menguante compromiso con la iglesia local. Aunque esta tendencia está muy extendida, parece ser particularmente pronunciada entre los cristianos apasionados por la justicia social. De hecho, es bastante común oír a los que están trabajando a tiempo completo en aliviar la pobreza, expresarse no ya con frustración en cuanto a la iglesia local, sino con absoluto desdén. Esta tendencia es una gran tragedia con múltiples implicaciones. Una de ellas es que los renovados esfuerzos para ayudar a los pobres están condenados al fracaso. Estas son palabras fuertes, así que déjame que me explique.

La pobreza es un problema profundamente complicado de resolver. Tal y como argumentamos en el libro *When Helping Hurts*, la pobreza está arraigada en las relaciones rotas que las personas tienen con Dios, con ellas mismas, y con el resto de la creación. Estas relaciones están rotas debido a una compleja combinación del propio pecado del individuo, la existencia de personas explotadoras, injusticia sistémica y fuerzas demoníacas. Hay mucho más de lo que parece a simple vista, por lo que las soluciones necesitan ir más allá de ofrecer sopa caliente, dispensar ropa y repartir cupones de alimentos, independientemente de cuan importantes estas actividades puedan ser. De hecho, el problema de la pobreza es tan complejo que hace falta un milagro para erradicarlo.

La buena noticia del evangelio nos muestra al Rey Jesús usando su poder y autoridad para conquistar el pecado del individuo, a los explotadores, a la injusticia sistémica y a las fuerzas demoníacas, que son la raíz de la pobreza (Col. 1:15-20). Es solo el Rey Jesús quien puede hacer todo esto, así que los pobres —un grupo que nos incluye a todos nosotros— necesitamos un encuentro profundo con él. Con «encuentro», no me refiero a una sola ocasión. Más bien, estoy hablando de una conexión profunda y orgánica con la mismísima persona de Jesucristo, quien salva a los individuos de sus pecados y los introduce en un nuevo mundo en el que no habrá más personas explotadoras, ni injusticia sistémica, ni fuerzas demoníacas... ni más pobreza (Jn. 17:20-23; Ef. 1:2-23, Ap.

21:1-4). Los pobres necesitan estar unidos al Rey Jesús, y él está presente —misteriosamente pero de forma real— en la iglesia (Ef. 1:23).

Es simplemente imposible aliviar la pobreza —en su más plena expresión— al margen de la iglesia local.

Por tanto, si queremos aliviar la pobreza, necesitamos iglesias en los «lugares difíciles» donde viven los pobres. Desafortunadamente, muchas iglesias están ubicadas lejos de los pobres, y las que están cerca, a menudo no están preparadas para un ministerio efectivo. Y es aquí donde este libro entra en escena.

Basándose tanto en sus experiencias personales como personas pobres y como pastores de iglesias localizadas en «lugares difíciles», Mike McKinley y Mez McConnell ofrecen consejos prácticos para usar las actividades ordinarias de la iglesia —la predicación de la Palabra, la oración, la rendición de cuentas y el discipulado— con el fin de atraer a los pobres a un encuentro transformador con el Rey Jesús. Estas actividades «rutinarias» funcionan, ¡porque Dios ha decretado que funcionen! Son las técnicas principales que Dios ha establecido para atraer a las personas a una relación transformadora con el Rey Jesús, y para nutrirlas en esa relación. Por tanto, los autores están correctamente apasionados en su deseo de mantener estas actividades en el centro del escenario, en lugar de relegarlas a un papel secundario.

Puede que no estés de acuerdo con cada palabra de este libro. De hecho, a mí me habría gustado que algunas cosas se hubieran expresado de manera distinta. Pero no dejes que eso te disuada. Mike y Mez abordan un asunto de enorme importancia —que cada vez se pasa más por alto— el cual es absolutamente crucial para el avance del reino de Dios y el alivio de la pobreza: ¿Cómo podemos plantar iglesias prósperas en lugares difíciles? Como alguien que ha dedicado toda su vida a afrontar la pobreza, no puedo pensar en un tema más oportuno o importante.

Brian Fikkert
Coautor de *When Helping Hurts: How to Alleviate Poverty Without Hurting the Poor... and Yourself*
Fundador y Presidente del *Chalmers Center* en *Covenant College*

INTRODUCCIÓN

Yo —Mez— tenía quince años cuando me ocurrieron dos cosas: uno de mis amigos fue apuñalado hasta la muerte en la calle, y tomé conciencia de la iglesia por primera vez. Una iglesia local fue la anfitriona del funeral de mi amigo.

El edificio de la iglesia era grande, casi imponente, y estaba construido de ladrillos casi tan rojos como la sangre de mi amigo, cuando se ahogó hasta la muerte de camino al hospital. Nunca olvidaré esa iglesia. Tenía puertas arqueadas de madera y protectores reforzados de acero sobre las vidrieras. Su torre se alzaba sobre nuestras cabezas. Estaba orgullosamente enclavada en medio de nuestra barriada de viviendas sociales —los estadounidenses lo llaman «proyectos de viviendas»— rodeada por un mar de hileras de casas apagadas y grises.

La iglesia abría únicamente cuando alguien moría. Ahora alguien había muerto. Recuerdo estar de pie fuera de ese edificio bajo una lluvia torrencial mientras que la gente cargaba e introducía el ataúd de mi amigo y lo confiaban a un Dios en el que ninguno de nosotros creía. Después de eso, asocié las iglesias con personas muertas.

A veces veíamos al ministro local caminar hacia las tiendas. Por lo general, le lanzábamos piedras y colillas de tabaco. Por supuesto, él siempre sonreía. Eso es lo que hacían los ministros, ¿no? ¿Poner la otra mejilla y todo eso? La religión y esa iglesia en particular eran irrelevantes para nosotros. Hablábamos de ello solo para burlarnos. Aquella iglesia solo servía como un refugio si querías fumarte un cigarrillo a salvo de la lluvia.

A medida que me hacía mayor, nuestro pequeño municipio empeoró. A finales de los años ochenta y principios de los noventa, las drogas comenzaron a controlar nuestras vidas seriamente. Las amistades de toda la vida se deterioraron a medida que la codicia lo impregnaba todo. Las casas estaban cada vez más arruinadas, mientras que la gente decente buscaba una manera de escapar de allí. Las flores y los arbustos fueron reemplazados por motocicletas y piezas de automóviles. Hileras enteras de casas quedaron abandonadas, con basura, malas hierbas, y excrementos de perro esparcidos alrededor como un símbolo de esa profunda degeneración.

Pero siempre recuerdo aquel edificio de la iglesia; rojo y orgulloso con el césped primorosamente cuidado, aparentemente indiferente a la desintegración de nuestras vidas. Siempre estaba vacío y tan muerto para nosotros, como las tumbas que lo rodeaban, pero también era un lugar de misterio para mis amigos y para mí. Años más tarde, cuando vivía en el mundo del crack, vendiendo droga y metiéndome en líos, solía asomarme a mi ventana del octavo piso y miraba ese edificio. En mi bruma inducida por las drogas me preguntaba acerca de Dios: ¿Existiría siquiera? ¿Se preocupaba por gente como yo? Me preguntaba por qué ese edificio estaba ahí, sin nadie dentro de él. Tal vez solo estaba ahí para poder burlarse de lo patéticas que eran nuestras vidas. Reflexionaba acerca de por qué habrían construido un lugar como ese tan solo para los muertos. Si me hubieras dicho entonces que en los años venideros la iglesia local salvaría mi vida, me habría reído de ti. Estaba convencido de que la única vez que entraría en una iglesia sería en un ataúd. Afortunadamente, estaba equivocado.

¿QUIÉNES SOMOS?

Este es un libro escrito por dos hombres que creen genuinamente que las Escrituras enseñan que el evangelio es una buena noticia para los pobres y necesitados, y que la iglesia es para todas las personas de todos los lugares, cualquiera que sea su estatus en la vida. Sí, muchas iglesias están muertas, como la que hizo el funeral de mi amigo. Y esto es una tragedia. ¡Cuán crítico es, por tanto, que las iglesias que están vivas en el evangelio busquen a los pobres, a los marginados, a los oprimidos! Hemos escrito este libro con la esperanza de que la iglesia occidental mejore en su forma de llevar luz a los lugares oscuros y descuidados, que muy a menudo se encuentran en nuestros patios traseros.

Estas son mis raíces. Fui abandonado a los dos años y crecí dentro del sistema de acogida. A los dieciséis años estaba en las calles durante todo el día. Pero Dios rompió mi duro corazón a través del persistente testimonio de varios cristianos que me visitaban en la cárcel, y él me salvó. Desde 1999, he sido pastor/plantador, estando involucrado en el ministerio de la iglesia a tiempo completo. En este tiempo he sido ministro asociado de una iglesia bautista de clase media, he servido como pastor de jóvenes en una iglesia evangélica del centro de la ciudad, he fundado una organización benéfica para niños de la calle y he plantado una iglesia para niños de la calle en una de las ciudades más pobres del norte de Brasil, además de supervisar la revitalización de una iglesia en uno de los programas de viviendas más necesitados de Escocia, *Niddrie Community Church*. Soy bajito, obstinado, apasionado e impaciente por ver este tipo de obra tomar forma y extenderse en los programas de vivienda de Escocia y del resto del Reino Unido. Estoy más que felizmente casado con Miriam y tengo dos hijas.

¿Qué es un programa de viviendas?

Un programa de viviendas escocés es una mezcla de un parque de caravanas, un proyecto de viviendas urbanas, y una reserva india norteamericana. Estos programas fueron edificados originalmente como viviendas de renta baja para la «nueva» clase trabajadora —tras la Revolución Industrial— reemplazando así a muchas barriadas de los suburbios. Hoy en día, son una mezcla de viviendas sociales y de propiedades privadas.

Mike McKinley es el pastor principal de *Sterling Park Baptist Church*, una obra de revitalización de iglesia en Virginia. A diferencia de mí, Mike es alto y no tan obstinado como yo (excepto en lo relacionado con el fútbol americano y el punk rock). Ha escrito varios libros y es miembro del consejo de *Radstock Ministries*, una red internacional de iglesias que plantan iglesias. Mike y su esposa, Karen, tienen cinco hijos excepcionalmente guapos (o eso me dice).

Lo increíble de escribir este libro juntos es que ambos venimos de orígenes y experiencias ministeriales completamente distintas. La iglesia de Mike está en un barrio de clase alta en Washington, D. C., pero *Sterling Park* ha encontrado un ministerio fructífero entre los sin techo de su barrio, la clase trabajadora pobre, y los inmigrantes ilegales. Actualmente estoy pastoreando una iglesia en uno de los programas de viviendas más difíciles de mi país y superviso otras por medio de *20schemes*, el ministerio de plantación de nuestra iglesia. *20schemes* existe para revitalizar y plantar iglesias centradas en el evangelio en las comunidades más pobres de Escocia. Si todo va según lo previsto, mi grupo plantará iglesias en veinte programas de viviendas en la próxima década.

Nuestros contextos son diferentes. Mike trabaja en un contexto multicultural, mientras que yo trabajo en un contexto comparativamente monocultural (aunque eso está cambiando). Junta todo esto con las diferencias culturales existentes entre estadounidenses y europeos, y obtendrás una interesante mezcla.

No obstante, ambos estamos comprometidos con el evangelio del Señor Jesucristo como la buena noticia para un mundo agonizante. Ambos estamos comprometidos con la iglesia local como la plataforma y la voz que proclama esta noticia, donde los conversos son discipulados, y donde ponemos en práctica todos los elementos de la disciplina eclesial y la membresía. No solo creemos en la importancia de todo esto sino que también reivindicamos lo necesario que es para nuestro trabajo.

¿QUÉ ES UN «LUGAR DIFÍCIL»?

Hemos decidido llamar a este libro *La iglesia en lugares difíciles*, pero reconocemos que estamos usando el término «difícil» después de haberlo examinado cuidadosamente. En Brasil, trabajé con niños de tan solo cinco años que vendían goma de mascar para sobrevivir. Cuando eso fracasó —y así ocurrió— fueron obligados a prostituirse bajo el control de adultos sin escrúpulos. Era un una vida horrenda, y todavía lo es para incalculables millones. De alguna manera, sí, ese es un lugar «difícil» para ministrar.

Pero esta es una evaluación unidimensional. Me doy cuenta de que cuando cuento historias como estas a otros pastores, a menudo me dan palmadas en la espalda y me dicen algo así como, «Bien hecho, compañero. Yo no podría hacer lo que tú haces. Parece tan difícil». No me malinterpretes. Aprecio el sentimiento, y es agradable recibir una palmada en la espalda de vez en cuando. Pero he aquí mi dilema. En algunos aspectos, no es en absoluto difícil. Incluso diría que vivir y trabajar entre los pobres puede ser muy fácil. A veces siento que necesito declararme oficialmente como un fraude pastoral, y decirles a mis amigos que están pastoreando en zonas más adineradas, «¡Bien hecho compañero! Tu ministerio es el más difícil».

Cuando escucho a los pastores batallando por Europa y en los Estados Unidos, en zonas ricas, me entran sudores fríos.

¿Cómo evangelizas en una zona donde todo el mundo tiene un trabajo pagado decentemente, un buen lugar en el que vivir, y posiblemente un coche —o dos— en el garaje? ¿Cómo te abres camino a través del orgullo intelectual de un mundo que piensa que la religión está por debajo de ellos y que la ciencia tiene todas las respuestas? ¿Cómo das testimonio en un lugar en el que el precio promedio de la vivienda es de más de $400.000? ¿Cómo le hablas a un tipo que no siente necesidad de Cristo porque está distraído con su materialismo? ¿Cómo tener éxito en un área llena de ciudadanos agradables, respetuosos de la ley, que no engañan a sus esposas ni golpean a sus hijos, y que pasan las noches cómodamente en el sofá viendo *reality shows*? Eso sí que es difícil. De alguna manera, mucho más difícil. ¡Brutal incluso!

En los programas de viviendas escoceses de la zona que pastoreo, puedo tener una conversación acerca de Jesús cualquier día de la semana. Puedo llamar a un hombre «pecador», y él probablemente estará de acuerdo. Rara vez encuentro ateos entre los pobres. La gente también tiene más tiempo para detenerse y charlar. Tienen un mayor sentido de comunidad, porque todos viven en estrecha proximidad. No es una cultura de pasarse el día de lado a lado con el automóvil. Si te tomas tu tiempo para mostrar interés en ellos, acudirán a un evento aun sabiendo que vas a predicarles. Por supuesto, también son muchos los que no lo hacen. Lo que quiero enfatizar es que yo opero dentro de una cultura comparativamente más abierta al evangelio. Cualquier hostilidad, aquí en Escocia, es hacia la *iglesia como una institución* porque es vista como *un club de gente sofisticada*. La parte más difícil del ministerio se encuentra en el discipulado y la disciplina. En efecto, podríamos decir que es más fácil hacer que la gente entre por la puerta principal. El verdadero problema es mantener la casa ordenada una vez que todo el mundo está dentro.

La conclusión de todo esto es que, sí, estamos llamando a este libro *La iglesia en lugares difíciles* porque comunica rápidamente la idea de que estamos hablando de plantar, revitalizar y hacer crecer iglesias que alcanzan a los oprimidos económica y socialmente. No tenemos ningún deseo de reclamar exclusividad acerca de quién lo tiene más difícil en términos de ministerio cristiano. Quienquiera que seamos, y donde sea que nos encontremos sirviendo al Rey Jesús, regocijémonos en el privilegio compartido que tenemos.

¿POR QUÉ ESTE LIBRO?

Este, pues, es un libro que busca compartir nuestra convicción de que el trabajo de la iglesia en estos lugares difíciles es necesario. Por supuesto que hay mucha gente perdida en lugares ricos, y todos estamos a favor de más y mejores iglesias en esas zonas. Pero si tu naces, vives y mueres en un lugar rico de Norteamérica o Escocia, tienes muchas más probabilidades de tener acceso a algún tipo de testimonio evangélico. Los programas de viviendas de Escocia y los proyectos de viviendas de Norteamérica están llenos de personas que tienen la misma relación con la iglesia que tuve yo en mi juventud; la ven como un lugar en el que obtener una limosna ocasional, pero no un lugar que tiene las palabras de vida. La iglesia, en este tipo de lugares, está en gran parte ausente y, cuando no lo está, suele ser tan poco saludable que se convierte en una pérdida neta para la causa de Cristo. Eso tiene que cambiar.

Así que, si eres un cristiano que se pregunta si serías capaz de ayudar a llevar el evangelio a un lugar difícil, esperamos que este libro te entusiasme, por lo que el Señor puede hacer a través de creyentes comunes en iglesias fieles ubicadas en esas comunidades. Si eres un líder de iglesia y quieres movilizar a los tuyos para llevar el evangelio a alguna zona difícil de las proximidades, este libro te ofrecerá algunos consejos prácticos en cuanto a «qué hacer» y «qué no hacer» para ayudarte a lo largo del proceso. Si eres un plantador de iglesias pensando en iniciar una iglesia nueva en una comunidad pobre, este libro te dará una idea acerca de cómo empezar y lo que es realmente importante. Quienquiera que seas, esperamos que este libro te inspire a sacrificar tu comodidad para ministrar a los pobres que están en tu propia puerta, o más allá.

EL EVANGELIO EN LUGARES DIFÍCILES

¿QUÉ ES LA POBREZA?

Este no es un libro acerca de la pobreza. Es un libro acerca de cómo iniciar, liderar y participar en iglesias que alcanzan a personas que están al margen de una sociedad respetable, personas en «lugares difíciles». Trata acerca de cómo formar parte de una iglesia que alcanza a la gente pobre. Así que pensamos que valdría la pena empezar por considerar lo que entendemos por *pobreza*.

La pobreza puede ser un asunto complicado de entender. El ministerio de nuestra iglesia —Mike— me pone en contacto con diferentes tipos de personas necesitadas. En un suburbio cercano, distribuimos alimentos a inmigrantes latinoamericanos que quizá no tengan la posición legal para solicitar ayuda gubernamental. En otro suburbio, trabajamos con personas que viven en un albergue para los sin techo. En otro, trabajamos con inmigrantes adolescentes «en riesgo» que asisten a la escuela secundaria local. Por todo esto, estas son las personas a las que podríamos calificar como «pobres». Pero a medida que hemos ido conociendo a las personas de cada uno de estos grupos, nos hemos dado cuenta de que su experiencia de la pobreza es complicada.

En cierta ocasión, hablé con un hombre que había llegado recientemente a nuestra ciudad desde una parte muy pobre de Centroamérica. Tenía hambre y me dijo por medio de un intérprete que ese día no había comido nada. Mientras conversábamos, quedó claro que este hombre y yo teníamos opiniones muy diferentes en cuanto a su condición económica. Según mi manera de pensar, no comer durante veinticuatro horas sería lo peor que podría pasarme. Nunca me he visto obligado a pasar hambre en contra de mi voluntad. Sin embargo, para este hombre, no era algo inusual. De hecho, lo había pasado bastante peor en su país de origen. Su frustración no se debía principalmente a su incapacidad para encontrar un trabajo con el que pagar sus gastos; estaba preocupado porque no ganaba lo suficiente para enviar dinero a Centroamérica y así ayudar a su familia. A pesar de lo difíciles que eran para él las cosas en ese momento, era consciente de que tenía acceso a más recursos materiales de los que había tenido nunca antes en su vida. No se consideraba pobre.

Por otro lado, consideremos a los residentes del albergue local para los sin techo. Estas personas son ciudadanos estadounidenses. En su mayor parte hablan inglés, entienden cómo funciona la cultura estadounidense y tienen acceso a programas de ayuda de parte del gobierno. Viven muy por debajo del estándar que esperaban para sus vidas. Pero si retrocedes un momento, verás que necesitamos pensar un poco más en cuanto a por qué los describiríamos como «pobres». Al fin y al cabo, tienen acceso a alimentos nutritivos, atención médica y baños para asearse. Sí, duermen en habitaciones pequeñas, pero el albergue es cálido en invierno y fresco en verano. Tienen televisión por cable, luz eléctrica y juegos de mesa para mantener alejado el aburrimiento. Si tú fueras transportado momentáneamente a los barrios bajos de Nueva Delhi o al Zimbabue rural, podrías llegar a pensar que los sin techo de Virginia del Norte no están tan mal. Sus comodidades serían envidiables.

Aun así, sabemos intuitivamente que estos sin techo estadounidenses son pobres. Negarlo sonaría a excusa barata para evitar cuidarles y ayudarles. Al fin y al cabo, ¿quién de nosotros, con casas y empleos estables, querría cambiar su lugar por el de ellos? Lo que deseo remarcar es que la pobreza es algo más complicado que lo que puede plasmarse de forma superficial en cifras y signos de dólar.

¿QUÉ ES LA POBREZA?

Cuando pensamos en la pobreza, los occidentales normalmente pensamos en términos de acceso a los recursos. Tenemos un llamado «umbral de pobreza», un mínimo de ingresos que determina a quiénes el gobierno considera empobrecidos. Los políticos y los periodistas influyen en las diversas maneras en las que los pobres carecen de acceso a una educación de calidad, a suministros de alimentos saludables, a una vivienda asequible y a una adecuada atención médica. El discurso público en cuanto a cómo atender las necesidades de los pobres, generalmente gira en torno a la mejor forma de ayudarles a conseguir las cosas que les faltan.

En su excelente libro *When Helping Hurts*, los autores Steve Corbett y Brian Fikkert analizan un estudio realizado por el Banco Mundial que pedía a los pobres que describieran lo que significaba «ser pobre». Y se encontraron con que la visión que la gente pobre tiene de su propia pobreza a menudo va mucho más allá de una lista de las cosas que les faltan. Tienden a hablar en términos de experiencias tales como la impotencia, la desesperanza, la pérdida de significado en la vida y la vergüenza.[1] Así que, tan solo proporcionarles recursos no aliviará las dimensiones más profundas de la pobreza que estas personas experimentan.

Tomemos, por ejemplo, las personas que viven en los programas de viviendas de Edimburgo, en los que trabaja Mez. A través de la ayuda del gobierno, pueden tener acceso a atención médica, vivienda, educación y a los recursos materiales que necesitan para poder alimentar a sus familias. Pero los patrones prolongados de adicción a las drogas, el alcoholismo, el crimen y las familias desestructuradas se combinan para mantener a los habitantes de los programas de vivienda en ciclos recurrentes de pobreza y miseria. No necesitan pan; necesitan un estilo de vida totalmente nuevo.

Por esta razón, estamos convencidos de que las iglesias que se contentan simplemente con proporcionar ayuda material a la gente necesitada están perdiendo la oportunidad de ministrarles a un nivel más profundo. Ciertamente, la comida y la vivienda son importantes. El significado de la parábola del buen samaritano sigue vigente; la indiferencia hacia los necesitados es anticristiana. Pero los recursos materiales y la capacitación de habilidades por sí solos no abarcarán todas las necesidades de los pobres.

La cosa más excepcional que una iglesia local puede ofrecer a la gente sumida en la pobreza es el evangelio de Jesucristo. El evangelio no es una solución a la pobreza, al menos no en el sentido de resolver y eliminar los miles de problemas que las personas pobres afrontan en sus vidas en esta tierra. Pero la palabra del evangelio es el mensaje de Dios a las personas que están atrapadas en los complejos patrones del pecado y en los desafíos sistémicos implicados en la pobreza.

Si bien estos desafíos nunca podrán cambiar en esta vida (Jn. 12:8), el evangelio llega al pobre con noticias de un Dios amoroso que no rehusó a su propio Hijo, sino que lo entregó libremente para la salvación de los pecadores. El evangelio llega a una persona pobre con la promesa del poder del Espíritu Santo para cambiarnos y santificarnos, rompiendo patrones de conducta autodestructiva de muchos años. El evangelio llega a una persona pobre con un llamado a arrepentirse del fútil estilo de vida que le fue legado por sus antepasados (1 P. 1:18). El evangelio llega a una persona pobre con el mensaje de que puede ser fabulosamente rica aun si sus circunstancias económicas no cambian en absoluto (Ap. 2:9). El evangelio llega a una persona pobre con un mensaje de esperanza para un mundo que será hecho nuevo, en el cual la enfermedad, la pobreza y el miedo serán erradicados (Ap. 21:4). Estamos convencidos de que lo que más necesitan los pobres es el mensaje del evangelio. Otras cosas pueden ser muy importantes pero, aun así, secundarias.

TRES PILARES

Si te imaginaras este libro como un edificio, nuestra convicción acerca de la necesidad fundamental del evangelio serían los cimientos. Pero, además de esa base hay otras tres creencias que sirven como pilares portadores de carga, los cuales sostienen el resto de la estructura.

1. El evangelio se extenderá

Primero, *el evangelio es un mensaje que debe propagarse.* El Nuevo Testamento nos muestra una y otra vez que cuando el mensaje del evangelio llega al mundo, lo hace con una poderosa fuerza centrífuga. Cumpliendo las palabras del Señor en Hechos 1:8, el mensaje acerca de su muerte y resurrección se extiende desde su centro en Jerusalén a Judea y Samaria y finalmente al resto del mundo. El movimiento del evangelio hacia el exterior fue tan rápido y dramático que solo treinta años después de la resurrección de Cristo, la gente había llegado a poner su fe en Jesús en lugares tan lejanos como Siria, Grecia, Italia, Egipto, África del Norte y Persia. Por esta razón, Pablo pudo escribir a la iglesia de Colosas acerca de «la palabra verdadera del evangelio, que ha llegado hasta vosotros, así como *a todo el mundo,* y lleva fruto y crece también en vosotros» (Col. 1:5-6).

Esta es la historia del libro de Hechos, en el que Lucas nos narra cómo el poder del Espíritu Santo impulsó el evangelio desde el centro. El mensaje cristiano no puede ser confinado a la ciudad de Jerusalén, a la nación de Israel, ni siquiera a la región del Oriente Medio. Debe extenderse por todo el mundo. El hecho de que dos individuos blancos de Escocia y Norteamérica hayan escrito este libro es una prueba de ello. El hecho de que tú seas un cristiano que —probablemente— no viva en Jerusalén, es también otra prueba. El evangelio debe seguir adelante, alcanzando a todas las personas (Mt. 28:18-20).

2. El evangelio se extenderá entre los pobres

En segundo lugar, en la Escritura vemos que, a la vez que el evangelio debe ir a todas las naciones, *deberíamos esperar verlo extenderse particularmente entre los pobres*. Es una cuestión tanto de realidad histórica como de principio teológico. Es cierto que hubo algunos primeros conversos ricos y poderosos (nos vienen a la mente Teófilo y Lidia; también véase Fil. 4:22). Santiago se refirió a los ricos que estaban presentes en la congregación (Stg. 2:2). Pero, en general, la iglesia parece haberse extendido principalmente entre personas que no se hallaban entre las élites culturales. Cuando una hambruna golpeó Jerusalén, la iglesia local carecía de los recursos para sobrevivir por sí misma. Cuando las iglesias de Macedonia hicieron una colecta para sus hermanos y hermanas en Jerusalén, solo podían dar de «su profunda pobreza» (2 Co. 8:2). Como el apóstol Pablo escribió a la iglesia en Corinto: «Pues mirad, hermanos, vuestra vocación, que no sois muchos sabios según la carne, ni muchos poderosos, ni muchos nobles» (1 Co. 1:26).

Pero esta difusión del evangelio entre los pobres no fue un mero accidente de la historia o el producto de poderosas fuerzas sociales, como si pudiera explicarse simplemente señalando que los pobres estarían predispuestos a aceptar un mensaje de esperanza. Más bien, las Escrituras nos dicen que el mensaje cristiano encontró un hogar entre los necesitados debido a la elección deliberada de Dios. Como Santiago escribió: «Hermanos míos amados, oíd: ¿No ha elegido Dios a los pobres de este mundo, para que sean ricos en fe y herederos del reino que ha prometido a los que le aman?» (Stg. 2:5).

Dios es un apasionado de mostrar su propia gloria. Si él hubiera prodigado su salvación prioritariamente a los poderosos, a los ricos y a los agraciados, habría parecido que simplemente les estaba dando lo que se habían ganado. Pero al mostrar su favor a los que no tienen nada que ofrecerle, Dios muestra su grandeza y rompe los esquemas de este mundo. De nuevo, Pablo dijo a los corintios: «lo necio del mundo escogió Dios, para avergonzar a los sabios; y lo débil del mundo escogió Dios, para avergonzar a lo fuerte; y lo vil del mundo y lo menospreciado escogió Dios, y lo que no es, para deshacer lo que es, a fin de que nadie se jacte en su presencia» (1 Co. 1:27-29).

3. El evangelio se extenderá a través de la iglesia local

El tercer pilar sobre el que se sustenta este libro es que *la extensión de las iglesias locales es el medio habitual de Dios para extender el evangelio*. La iglesia está en el centro del plan de salvación de Dios. Su amor no descansa sobre una multitud de individuos aislados, sino que llama y crea un pueblo que ahora puede ser llamado «pueblo de Dios» (1 P. 2:9-10). Y si la iglesia está en el centro de los propósitos de Dios, entonces la congregación local tiene que estar en el centro de la práctica de la misión. No se niega que los individuos puedan esparcir el evangelio desconectados de una congregación local. Tan solo señalamos que tal manera de evangelizar es una deformación.

Dios ha diseñado la iglesia para ser el vehículo que lleve al mundo su mensaje de salvación. Las iglesias locales enseñan la Palabra de Dios semana tras semana, tanto para discipular a los creyentes como para evangelizar a los incrédulos. Envían misioneros e inician nuevas iglesias para llevar la proclamación del evangelio a lugares que carecen de testimonio.

Pero es importante reconocer que la iglesia es algo más que un punto de predicación del mensaje acerca de Jesús. La iglesia local es en sí misma una demostración del mismo evangelio que proclama. La existencia de la iglesia local apunta al poder y a la realidad del evangelio. Da credibilidad y plausibilidad al mensaje del evangelio. En palabras de la misionera Lesslie Newbigin, la congregación es la hermenéutica del evangelio.[2] Es la manera en que el mundo llega a comprender el mensaje del evangelio.

Una iglesia local es una comunidad de reconciliados; aquellos reconciliados con Dios y —sorprendentemente— entre sí. En la iglesia, judíos y gentiles, antiguos enemigos, han sido unidos como muestra de la sabiduría y la gloria de Dios para el mundo. Reflexionando acerca de este hecho en Efesios 3:8-10, Pablo escribe: «A mí, que soy menos que el más pequeño de todos los santos, me fue dada esta gracia de anunciar entre los gentiles el evangelio de las inescrutables riquezas de Cristo, y de aclarar a todos cuál sea la dispensación del misterio escondido desde los siglos en Dios, que creó todas las cosas; para que la multiforme sabiduría de Dios sea ahora dada a conocer por medio de la iglesia a los principados y potestades en los lugares celestiales».

¿Cómo conocerá el universo la sabiduría de Dios? La conocerán por medio de la existencia de la iglesia local. Cuando los miembros de la iglesia se aman de maneras que no tienen sentido para el mundo, muestran que el evangelio es verdadero. Al amar a los extraños y darles la bienvenida, la iglesia demuestra el poder del evangelio para cambiar los corazones. Cuando dan su dinero, su tiempo y sus vidas procurando la extensión del evangelio, reflejan lo que es tener una vida transformada y liberada de la desesperada futilidad de la vida sin Dios. La iglesia proclama el evangelio y luego vive la verdad radical y transformadora del evangelio en su comunidad. Demuestra el evangelio.

La forma extraordinaria en la que Dios ha dispuesto a las iglesias locales, realmente alienta la difusión del evangelio. Es decir, Dios ha establecido particularmente a la iglesia para llevar a cabo la tarea de glorificarle mediante la difusión de su mensaje de salvación. Puedes ver esto en la estructura del liderazgo de la iglesia: el Jesús ascendido ha dado personas a cada congregación cuyo trabajo es «perfeccionar a los santos para la obra del ministerio» para que el cuerpo crezca (Ef. 4:12; véase también 4:11-16).

Así que, en un sentido, una iglesia es un grupo de creyentes reunidos, los cuales han sido equipados por líderes dados por Dios para llevar el evangelio al mundo que les rodea. Los líderes de la iglesia —según la taxonomía de Pablo, los apóstoles, profetas, evangelistas, pastores, y los maestros— son dados a la congregación para que los santos puedan ser equipados para la obra del ministerio. Esta es buena parte del trabajo que Mez y yo hacemos como pastores, y también describe el trabajo del resto de ancianos en nuestras respectivas iglesias.

Y por si esto no fuera suficiente, la iglesia también está habitada y dotada por el Espíritu Santo para la edificación del cuerpo. El Espíritu ha dado a la iglesia local la mezcla y las variedades adecuadas de dones que necesita para llevar a cabo su trabajo en el mundo. Si los miembros de la iglesia ejercitan fielmente estos dones en el poder del Espíritu, la iglesia cumplirá su tarea.

Piensa en la tarea de la evangelización, la cual hace que muchos cristianos individuales se sientan nerviosos y culpables. Saben que deberían hablar con otros acerca de Jesús, pero sienten que no son buenos en ello y, por tanto, lo evitan. Pero digamos que tomas a cuatro cristianos y les asignas la tarea de anunciarle a alguien las buenas nuevas:

- Alan es una persona extrovertida. Es bueno a la hora conocer gente y construir amistades. Pero no se le da muy bien el compartir su fe claramente. No es muy hábil respondiendo a preguntas ni defendiendo la causa de Cristo.
- Carla es muy hospitalaria. Tiene gente en su casa regularmente y hace que se sientan cómodos y queridos. Sin embargo, no es muy buena iniciando conversaciones profundas.
- Raúl es un verdadero guerrero de la oración. Le encanta orar durante horas y horas, pidiendo al Señor que tenga piedad de las personas perdidas.
- Naomi es introvertida. No hace amigos rápidamente por sí misma, pero si alguien le presenta y rompe el hielo, es muy capaz para compartir a Cristo de una manera clara y efectiva.

A corto plazo, es probable que estas cuatro personas no vayan a evangelizar a nadie por su cuenta. Pero si los pones en una iglesia y les das una vida en comunidad, de repente hay una mezcla de dones y capacidades que pueden hacer de ellos un equipo muy potente.[3]

Todo el Nuevo Testamento asume que estos dones han sido dados para ser ejercidos en el contexto de una iglesia local. Y así será siempre. Se puede hacer mucha evangelización junto a otros miembros de la iglesia, y la que hagas tu solo no debería hacerse sin el apoyo, el cuidado, la oración y el aliento de la iglesia local que hay detrás de ti. Así, cuando las personas sean conducidas a Cristo, se las deberá incorporar a la vida de una congregación local de creyentes, en la que se les ayudará a madurar en Cristo, uniéndose a la vida del cuerpo.

JUNTÁNDOLO TODO

Así que, juntémoslo todo: si es la voluntad de Dios que los pobres y marginados sean los receptores de su amor y salvación, y si la manera en que normalmente oirán acerca de ese amor y salvación es a través del testimonio de una iglesia local, entonces parece que las iglesias cristianas deberían invertir en establecer iglesias que lleguen a los lugares donde viven los pobres. Esto podría significar plantar una nueva iglesia allí donde actualmente no hay ninguna. Podría significar trabajar para ver cómo una iglesia enferma ubicada en un lugar necesitado, vuelve a la vida. O podría significar hacer que una iglesia sana acepte su responsabilidad de llevar el evangelio a los pobres. De esto trata este libro. Nos preocupa que muchos líderes de iglesias busquen lugares en los que tengan más probabilidades de éxito —algo definido como una iglesia con independencia financiera— en vez de los lugares que más necesitan testigos del evangelio.

Dicho esto, no somos dogmáticos en cuanto a dónde debes invertir tus esfuerzos. Mez y yo servimos en contextos muy diferentes. Él está apasionado por movilizar y capacitar a la gente para plantar iglesias en los programas sociales de viviendas de Escocia. A mí me apasiona alcanzar a los latinoamericanos de Virginia del Norte. No pretendemos ser expertos en todo lo que deberías hacer en tu ubicación particular, pero sí tenemos algo de experiencia práctica —lo cual significa «cometimos muchos errores»— con iglesias que alcanzan a personas pobres y necesitadas. Y por eso, nuestra esperanza es que podamos compartir algunas de esas experiencias y observaciones, para que puedas ser desafiado a trabajar en iglesias que llegan a los lugares difíciles y a las personas pobres que están a tu alrededor.

2

¿QUÉ EVANGELIO NECESITAN?

Entre el tiempo que pasé plantando iglesias en Brasil y mi actual obra en Edimburgo, yo —Mez— he estado en la parte receptora de muchos equipos misioneros a corto plazo. Y aunque aprecio la ayuda, en el transcurso de los años me he dado cuenta de que hay muchos grupos de personas bienintencionadas que aman a Jesús, provenientes del Reino Unido y de los Estados Unidos, los cuales llegan con sus brochas y martillos, pero sin entendimiento del mensaje del evangelio que creen que han venido a proclamar.

Muchos jóvenes hablan como si las buenas nuevas trataran acerca de ellos y su sentido de la autoestima. Pueden captar elementos como el amor de Jesús o el hecho de que murió en la cruz, pero es raro encontrar a alguien que pueda dar una declaración completa e integral del mensaje del evangelio. Es como si hubiéramos convertido la mayor noticia de la historia del mundo en un sistema terapéutico de autoayuda, envuelto en una jerga eclesial y una psicología popular barata.

Solo piénsalo: si esto es cierto para personas que forman parte de viajes misioneros a corto plazo, quienes suelen estar entre los cristianos más motivados, ¡cuánto más debe ser cierto para la iglesia en general!

El problema se ha vuelto tan grave que ahora en mi iglesia, *Niddrie Community*, tenemos que impartir clases tituladas «¿Qué es el evangelio?» y «Cómo dar tu testimonio», *¡a los equipos misioneros que nos visitan!* Simplemente no podemos suponer que todos los llamados cristianos comprenden coherentemente y pueden comunicar el evangelio. Es irónico y un poco triste que las personas se gasten tanto dinero y viajen distancias tan largas para ayudarnos a compartir un mensaje que no pueden explicar.

Entonces, ¿qué es exactamente el evangelio? Me doy cuenta de que esta puede parecer una pregunta simple e innecesaria. Al fin y al cabo, si estás pensando en ayudar a los pobres, probablemente te consideres un creyente maduro. Pero la experiencia nos ha enseñado a no dar nada por sentado. Muchas personas vienen a ministrar en las áreas más pobres pensando que tienen el mensaje clarísimo, cuando en realidad no lo tienen. Y comprender el mensaje correctamente marca toda la diferencia cuando se está ministrando a los pobres (¡y a todos los demás!). Un evangelio falso o incompleto es como una píldora de azúcar. Puede hacer creer al paciente que va a mejorar, pero no tiene el poder para curarlo.

DIOS, EL HOMBRE, CRISTO, Y LA RESPUESTA

El evangelio es lo suficientemente profundo y hermoso como para mantener ocupado al erudito más brillante, pero también es lo suficientemente simple para que un niño lo entienda y lo crea. El mensaje es infinitamente profundo y amplio, pero podemos resumirlo en cuatro encabezados.[1]

1. Dios

Dios es el Creador infinito, eterno y santo de todas las cosas. Solo él es digno de toda alabanza, honor y gloria. Sus ojos son demasiado puros para ver el mal (Hab. 1:13), y no dejará sin castigo el pecado (Éx. 34:7).

> Jehová reina; temblarán los pueblos.
>
> Él está sentado sobre los querubines, se conmoverá la tierra.
>
> Jehová en Sion es grande,
>
> Y exaltado sobre todos los pueblos.
>
> Alaben tu nombre grande y temible;
>
> Él es santo.
>
> Y la gloria del rey ama el juicio;
>
> Tú confirmas la rectitud;
>
> Tú has hecho en Jacob juicio y justicia.
>
> Exaltad a Jehová nuestro Dios,
>
> Y postraos ante el estrado de sus pies;
>
> Él es santo. (Sal. 99:1-5)

2. El hombre

Dios creó a los hombres y a las mujeres a su imagen. El propósito más elevado de la humanidad era glorificar a Dios reflejando su carácter y viviendo una vida de adoración gozosa y obediente. Pero todos los seres humanos cayeron en Adán (Ro. 5:12), y todas las personas confirman la decisión de su antepasado por su rebelión voluntaria en contra de su Creador (Ro. 3:9-18).

Muchas personas tienen una escala propia cuando se trata del pecado. Por tanto, siempre y cuando sientan que no están perjudicando a la gente o que no están en el extremo malo del espectro, entonces todo está bien. Pero se equivocan. La Biblia es clara en cuanto a que no comenzamos con una pizarra limpia para luego ser juzgados por lo que hemos hecho. Todos empezamos siendo culpables. Ya estamos condenados, por muy buenos que creamos que somos o no.

> Y él os dio vida a vosotros, cuando estabais muertos en vuestros delitos y pecados, en los cuales anduvisteis en otro tiempo, siguiendo la corriente de este mundo, conforme al príncipe de la potestad del aire, el espíritu que ahora opera en los hijos de desobediencia, entre los cuales también todos nosotros vivimos en otro tiempo en los deseos de nuestra carne, haciendo la voluntad de la carne y de los pensamientos, y éramos por naturaleza hijos de ira, lo mismo que los demás. (Ef. 2:1-3)

3. Cristo

Dios el Padre envió a su Hijo para que se encarnara como hombre para salvarnos. Jesús vivió una vida de perfecta obediencia a Dios y voluntariamente la entregó como sacrificio por los pecados de su pueblo. En la cruz Jesús se puso en su lugar y llevó su culpa y castigo, incluso llegando a ser maldito por ellos (Gá. 3:13; 1 P. 2:24; 3:18). Tres días después de su crucifixión, Jesús resucitó de entre los muertos, venciendo sobre el pecado y la muerte, y ha prometido regresar para juzgar al mundo y hacer nuevas todas las cosas.

> Porque primeramente os he enseñado lo que asimismo recibí: Que Cristo murió por nuestros pecados, conforme a las Escrituras; y que fue sepultado, y que resucitó al tercer día, conforme a las Escrituras. (1 Co. 15:3-4)

4. La respuesta

Los pecadores no pueden esperar ganarse su propio perdón por medio de sus buenas obras. Dios ordena a todas las personas en todas partes que se vuelvan de sus pecados y pongan su confianza en Jesús (Hch. 17:30; 20:21). Seguir a Jesús requiere rechazar las prioridades y los amores que una vez secuestraban nuestros corazones (Lc. 14:33).

> Y llamando a la gente y a sus discípulos, les dijo: Si alguno quiere venir en pos de mí, niéguese a sí mismo, y tome su cruz, y sígame. Porque todo el que quiera salvar su vida, la perderá; y todo el que pierda su vida por causa de mí y del evangelio, la salvará (Mr. 8:34-35).

CÓMO OPERA EL EVANGELIO

Hemos visto el bosquejo del mensaje. Pero esto no es un ejercicio académico. Comprender bien el evangelio no es solamente una cuestión de precisión teológica. Tiene que ver con las realidades prácticas de ministrar a las personas necesitadas. De hecho, no puede haber un ministerio evangélico y, al final, ninguna esperanza para los que sufren la enfermedad del pecado si no entendemos correctamente el mensaje. Cada aspecto del mensaje del evangelio mencionado anteriormente es exactamente lo que necesitan escuchar las personas de los programas de viviendas de Escocia. En realidad, es el mensaje que todo ser humano necesita oír. No obstante, muchos cristianos bienintencionados piensan que ayudar a los necesitados requiere algún otro enfoque.

Pero un entendimiento deficiente de cada uno de estos cuatro aspectos del evangelio *es* el problema fundamental que tienen las personas necesitadas. Repasemos de nuevo estos cuatro puntos, y detengámonos para ver cómo se conectan con la vida y las luchas de las personas necesitadas y rotas.

1. Dios

Déjame hablarte de Lachie. Tiene cerca de cuarenta años y en su hogar no tuvo ninguna noción de lo que es el cristianismo. Creció en el sistema de crianza y adopción temporal, y es el producto de un par de décadas de reformas institucionales sin éxito. Fue destetado con una dieta de programas de tertulias, documentales del *History Channel*, un poco de espiritismo, y un cóctel de teorías conspirativas acerca del significado de la vida. A Lachie le gusta hablar de Dios pero, normalmente, cuando está borracho o termina en cualquier casa drogado.

En sus momentos de lucidez no está realmente seguro de si Dios existe. Al fin y al cabo, la ciencia ha refutado la existencia de Dios, ¿verdad? Si le preguntas cómo la ciencia ha conseguido eso, no está muy seguro, pero cree que tiene algo que ver con la evolución y el Big Bang.

Pero lo que Lachie sí sabe con certeza es que si Dios existe, seguramente Dios no se preocupa por personas como él. Su vida es una prueba de ello. Si Dios existe, no le debemos de gustar mucho, ya que permite que suframos y que ocurran cosas malas. Si Dios existe, entonces lo mejor que Lachie puede hacer, es vivir el momento y confiar en que Dios le perdonará después.

He trabajado tanto con niños de la calle en Brasil como con residentes de las zonas céntricas de Escocia y, según mi experiencia, son notablemente similares en su forma de pensar acerca de Dios. Ambos grupos tienen de forma innata una visión sobrenaturalista del mundo. No tienen ningún problema con creer que existe alguna forma de entidad sobrenatural (o «dios»). Pero no te equivoques: no anhelan una relación con Dios. El apóstol Pablo deja claro que «los designios de la carne son enemistad contra Dios» (Ro. 8:7). Pero no encontrarás muchos ateos intelectualmente convencidos en un programa de viviendas o en las calles de Brasil.

El problema no es que la gente no crea en Dios. El problema radica en *la clase de dios en el que creen.*

- ◆ Ven a Dios *irrelevante.* Dios está completamente desconectado de la vida cotidiana; es algo que desempolvar para las bodas, los bautizos y los funerales. No es útil para nada más.
- ◆ Ven a Dios *desinteresado.* Teóricamente, este dios es capaz de ayudarles; solo que no está interesado en hacerlo.

Para ellos es inconcebible que Dios pueda ser «conocido» en ningún sentido real de la palabra. Tienen la percepción de que Dios —y la iglesia— solo está interesado en la gente de clase alta.

- Ven a Dios *indulgente*. Para la persona promedio en los programas de viviendas, Dios no es santo. No odia el pecado. Está obligado contractualmente a ser un buen tipo. Así que puedes estar seguro de que él te dará un pase en el último día. Y si esto es así, entonces ¿por qué preocuparnos de obedecerle hoy? Al menos, no hay mucha urgencia por agradar a Dios con tu vida.

Debido a tantas ideas equivocadas acerca de Dios, es esencial que proclamemos su verdadero carácter entre los pobres. Debemos presentar a un Dios santo, ante quien deberán rendir cuentas, lo cual es un ataque directo a su enfoque moral *laissez faire* ante la vida. Debemos presentar a un Dios que puede ser conocido, y que se ha revelado perfectamente a los pecadores en Cristo. Esto es una verdadera patada al acoso cultural. Este Dios es digno de nuestro servicio. Él reemplazará al ego como el principal objeto de servicio y adoración. Cuando conocemos a este Dios y somos conocidos por él, adquirimos una cantidad de propósito transformadora, así como confianza en nuestras vidas.

Fíjate en Rob, un exadicto a la heroína de cuarenta y tantos años, criminal de carrera y ladrón. Rob hacía lo que quería, siempre que quería, sin pensar en las consecuencias. Robó, mintió, e hirió a la gente como quiso. A su modo de ver, no había Dios ni sentido en esta vida; nada más que la supervivencia del más apto.

Un día Rob oyó hablar de Dios, y sus ojos fueron abiertos para ver el carácter divino: su santidad infinita, su amor perfecto, y su ira implacable contra el pecado y los pecadores. Este conocimiento ha transformado la vida de Rob. Ahora se somete a su Creador y Juez. Ahora entiende que su preocupación amorosa y cuidado personal por él existen en armonía con la santidad de Dios. Como resultado, Rob ya no está deambulando en una historia sin guion. Vive con propósito, esperanza y dirección. Ya no delinque, ni está ausente de la vida de sus hijos. Ahora vive responsablemente como alguien que sabe que su Padre celestial le ama y le cuida, y espera que se comporte como su hijo.

Todo este cambio en la vida de Rob, el tipo de cambio que los programas sociales pretenden lograr —y con razón—, se debe a un cambio en la teología de Rob. Rob ahora entiende cómo es Dios, y esto ha marcado la diferencia.

No presentar el carácter de Dios, fiel y bíblicamente, tiene ramificaciones importantes en el ministerio entre los pobres, dondequiera que estén.

2. El hombre

¿Alguna vez has estado con una persona cuyo hijo corría como un loco por toda la casa? El niño grita y grita, prendiendo fuego al gato, cuando de repente la madre agotada se vuelve hacia ti, se disculpa, y balbucea algo acerca de que el pobre Johnny «debe estar cansado». Sí, claro. Tú sabes que Johnny es un mocoso mal educado, aunque sería descortés decirlo en voz alta.

Todos ponemos excusas, sobre todo en cuanto a nosotros mismos. Bueno, este tipo de excusas son pandémicas en muchos de nuestros barrios pobres. Existe una auténtica mentalidad victimista en los programas de viviendas. Es como una prisión abierta donde todos los convictos son inocentes. «No es culpa mía» podría ser el lema de casi todas las personas del programa en el que vivo y ministro.

Cuando era joven, recibí una dieta constante de consejería por parte de terapeutas y trabajadores sociales. Me llenaron la cabeza con la idea de que yo era una buena persona puesta en medio de malas circunstancias. Si hubiera tenido las mismas oportunidades que otros, decían, entonces no estaría tan furioso y amargado con el mundo.

Una y otra vez me encuentro con esta mentalidad en mi trabajo. La gente se ha vuelto impotente y paranoica al relacionarse con el mundo que les rodea; impotentes para cambiar sus circunstancias y paranoicos con la idea de que el mundo está en contra de ellos. Y se produce una extraña dinámica cuando la gente se enorgullece de sus malas circunstancias; como si fueran los únicos que supieran lo que es sufrir. A todos los demás la vida se lo ha dado todo servido a cucharaditas.

Paul, un vagabundo que estuvo sin hogar durante veinte años, lo explica así: «Antes de conocerme a mí mismo desde el punto de vista de la Biblia, me sentía como un buen tipo que de vez en cuando hacía maldades, pero tan solo porque estaba tratando de arreglar las cosas. Veía a la gente como un obstáculo para conseguir lo que quería, incluso a mis supuestos amigos».

Ricky, un vagabundo de veinte años agresivo y alcohólico, está de acuerdo: «Pensé que no valía nada, vagaba hacia la muerte, deprimido, sin sentido, y mintiéndome a mí mismo que de alguna manera todo iba a mejorar. Pero todo lo que hacía era beber y jugar más. La gente a mi alrededor solo cualificaba si usaba la ropa y el calzado adecuados. En realidad no me importaban. Solo me interesaban si me servían para algún propósito».

Las cosas empezaron a cambiar en sus vidas, y en la mía, solo cuando la Biblia confrontó nuestra terrible condición pecaminosa ante un Dios justo y santo. Romanos 1:20 es muy claro en este sentido: «Porque las cosas invisibles de él, su eterno poder y deidad, se hacen claramente visibles desde la creación del mundo, siendo entendidas por medio de las cosas hechas, de modo que no tienen excusa».

La Biblia nos desafía a afrontar nuestro pecado y a asumir responsabilidad por las cosas que hemos hecho. Sí, todos somos víctimas del pecado en un grado u otro; hay lugar para la compasión, la misericordia y la simpatía. Deberíamos llorar con los que lloran y lamentarnos con los que se lamentan. Pero la Biblia nunca permite utilizar las acciones de otros como una excusa para las cosas que nosotros hemos hecho.

Cualquiera que quiera ayudar a las personas en zonas necesitadas debe animarlas a verse no principalmente como víctimas, sino como pecadores y rebeldes por voluntad propia. Hacemos cosas pecaminosas porque somos personas pecadoras viviendo en constante rebelión contra nuestro Creador. Dios está airado con el pecado y con los pecadores. Su ira está en contra de nosotros, y él no evalúa usando una curva.

Esto puede ser una píldora amarga al principio pero, al final, es medicina que da vida. Solo porque mi madrastra usara mis riñones como saco de boxeo durante la mayor parte de mi temprana infancia, no significa que yo sea menos culpable de mi pecaminosa y malvada rebelión contra Dios. No me harás ningún favor poniendo tu brazo sobre mi hombro y diciéndome que Jesús me ama y que todo irá bien. Esto significa enviarme al infierno y robarle a Dios la gloria que se le debe.

Esto podría sonar duro pero, por el contrario, los efectos pastorales son impresionantes. Paul, el vagabundo antes mencionado, ahora se ve a sí mismo y al mundo de manera diferente. Escucha cómo se describe ahora: «Yo era el problema. El problema era mi corazón y mis elecciones. Por supuesto, me sucedieron cosas malas, pero ahora que me veo como Dios me ve, soy libre para tomar decisiones diferentes, estar menos amargado y más en paz conmigo mismo».

Ricky siente lo mismo: «Comprender que soy pecador me ha ayudado a entenderme mejor. Me ha ayudado a entender por qué he tomado decisiones estúpidas. Ahora veo a la gente de forma diferente. Todos estamos en el mismo barco, incluso la gente de clase alta. En vez de sentir amargura contra los que tienen cosas que no tengo, ahora siento lástima por ellos, porque no tienen a Cristo. Tengo preocupación en mi corazón por estas personas, lo cual no tenía antes».

A menos que ayudemos a los pobres a verse a sí mismos tal y como lo hace la Biblia, al final los dejaremos atrapados e indefensos como un hámster en una rueda. Estarán destinados a verse en el centro de un mundo que gira en torno a ellos y sus problemas. Pero cuando ayudamos a los pobres a verse tal y como Dios los ve, abrimos la puerta a una transformación real y profunda, por medio del evangelio, la cual va mucho más allá de lo que podríamos imaginar.

3. Cristo

Afortunadamente, el mensaje del evangelio no termina con la bondad de Dios y la pecaminosidad del hombre. Si fuera así, no serían buenas noticias. Dios ha hecho algo en cuanto a nuestra terrible condición. Dios envió a su Hijo para vivir, morir y resucitar por nosotros. Ahora hay un camino para que podamos tener una relación amorosa y recíproca con él. Un día volverá, hará todas las cosas nuevas, y disfrutaremos una comunión interminable junto con todos sus santos y las huestes celestiales.

Lo que hará que mi corazón cante con más fuerza es el conocimiento de lo que le costó hacer esto por mí. El saber que Cristo murió por mis pecados trae consigo una gran liberación emocional. Dios se preocupa realmente por las personas «pequeñas». Me ofrece una esperanza real, una vía de escape de la trampa de la mentalidad victimista. Aquellos de nosotros que hemos tenido experiencias negativas en la vida familiar podemos aferrarnos al mayor ejemplo de amor sacrificial en la historia del universo.

Como dice un amigo: «Jesús pone todo en perspectiva. Solía sentir lástima por mí mismo. Me sentía muy endurecido. No conocí a mi padre, quien me dejó a pesar de yo no hice nada malo. Solía enfurecerme por ello. Pero ahora Dios es mi Padre, y él me ama aun cuando obre mal, y eso me da seguridad. Dios no se alejará de mí cuando las cosas se pongan difíciles. De hecho, envió a su propio Hijo para que sufriera una muerte cruel, para que yo pudiera recuperarme».

Todo parece muy incomprensible. Muchas personas que supuestamente nos amarían han hecho justo lo contrario.

Pero aquí tenemos a alguien que debería estar airado con nosotros… ¡Muriendo en la cruz por nosotros! No solo eso, sino que nos buscó aun cuando huíamos de él. Es como tener un hermano grande y protector que te cubre las espaldas, ¡solo que este hermano es el Rey del universo!

De joven, crecí en innumerables hogares y familias de acogida, en medio de circunstancias abusivas. Me ocurrieron cosas, e hice cosas que me dejaron sentimientos de culpa, vergüenza y confusión, primero como niño y luego como joven. Y francamente, quería venganza. Incluso recuerdo que al principio de mi vida cristiana oraba para que muchas de las personas causantes de mi sufrimiento ardieran en el infierno.

Obviamente, en ese momento no había entendido la gracia. Tampoco había entendido realmente la expiación; que esta paz recién encontrada con Dios fue a costa de su propio Hijo. Pero con el tiempo Dios abrió mis ojos para ver que su sacrificio supremo significaba que todos mis pecados habían sido pagados; ya no eran la realidad que definía mi vida. No se me permitía revolcarme en ellos.

Ese acto supremo de perdón comenzó a filtrarse en cómo oraba por los miembros de mi familia, por mis viejas amistades y por mis padres adoptivos. A medida que el Espíritu trabajaba en mi vida, las oraciones por su condenación fueron reemplazadas por oraciones con lágrimas en mis ojos por su salvación. El gran sacrificio de Cristo abrumaba mi alma con tanto amor que fui incapaz de mantener ese gran aluvión de odio. Su amor conquistó mi odio y me liberó del ciclo causante de mi autodestrucción por tanto tiempo.

Ser confrontados por la hermosura casi incomprensible del sacrificio de Jesús nos obliga a revisar nuestro lugar en el mundo, alejarnos de la autocompasión, encontrar la libertad en su amor y, por su Espíritu, encontrar perdón y amor incluso para aquellos que nos han hecho mucho daño. Stephen, un amigo, lo compara con «ganar la lotería espiritual». Stephen reflexiona: «Cuando era niño, soñaba con ganar la lotería para poder enmendar todo el mal que había hecho. Pero en Jesús he sido perdonado, mis pecados han sido pagados, y aunque no puedo devolver mis deudas a la gente, puedo orar por sus almas y esperar que encuentren lo que ahora tengo».

Este es el Jesús que necesitan los pobres: un Redentor vivo que carga con los pecados, que hace expiación y que limpia la culpa. Un cristo que meramente nos afirma tal y como somos, es un salvador que en realidad no nos salva de nada.

4. La respuesta

Debemos esforzarnos mucho para explicar el verdadero arrepentimiento bíblico cuando trabajamos con los pobres (o con cualquier persona realmente). Sentirse mal y arrepentirse por los pecados cometidos son dos actos completamente diferentes que producen dos frutos a largo plazo muy diferentes en las vidas de las personas.

El pecado es un agravio a Dios que nos separa de él. Arrepentirse es *alejarse* de ese pecado. La dificultad, pastoralmente hablando, viene por el hecho de que el arrepentimiento puede manifestarse de formas muy diferentes cuando se trata de vidas rotas y caóticas.

Consideremos a Innocencia, una niña de trece años de la calle del norte de Brasil. Había vivido en la calle la mayor parte de su corta vida. Sus padres la abandonaron a los cinco años de edad y, a partir de los seis, vendió su cuerpo manteniendo relaciones sexuales para poder pagar la comida y costearse su adicción a esnifar pegamento. Cuando la encontramos, estaba fatal. Uno de sus brazos estaba lisiado por una paliza que le dio un «cliente» en la calle, le faltaban todos los dientes y había sido violada en incontables ocasiones.

Un día, cuando oyó la verdad transformadora de vida acerca de Dios, su posición pecaminosa delante de él y la buena noticia de lo que Jesús había hecho, quiso arrepentirse al momento. Oramos con ella confiando en que había hecho una verdadera profesión de fe.

Varios días después encontramos a Innocencia apenas consciente en las calles, con una bolsa de pegamento industrial a sus pies (un veneno mucho más mortífero que la heroína). Mi equipo brasileño estaba desolado y enojado; ¡su arrepentimiento había parecido tan genuino!

La pusimos en pie, la limpiamos en nuestro centro y le hablamos del compromiso que había adquirido con Cristo. «Oh, pastor Mez», dijo, «Yo amo a Jesús. Me he apartado de mi pecado. Anoche rechacé a un cliente y solo estoy inhalando seis bolsas al día en lugar de diez». Me sonrió orgullosa, y me sentí doblegado. ¿Realmente esperaba que Innocencia fuera un producto acabado desde el primer día de su conversión?

El arrepentimiento en los programas de viviendas de Escocia no es muy diferente, aunque normalmente no tan extremo. ¿Qué hay del hombre que acude a Cristo, tiene tres hijos de dos mujeres diferentes, quiere alejarse de su pasado pecaminoso y abusivo y ser un padre apropiado para sus hijos? ¿Cómo es el arrepentimiento para él? Bueno, de una forma u otra, no va a ser sencillo ni instantáneo. Para las personas con situaciones difíciles, el arrepentimiento implicará tomar decisiones difíciles y lidiar con las consecuencias de un estilo de vida egoísta y pecaminoso.

Sharon era una mujer de unos treinta años con unos antecedentes terribles. Tenía cuatro hijos y se le había retirado la custodia de todos por parte de las autoridades locales. Había cumplido innumerables condenas en prisión por robos menores y delitos relacionados con las drogas. Era vociferante y descarada, y líder de una pandilla de ladrones en el centro de su ciudad. Llegó a un centro de acogida en el que yo estaba sirviendo de voluntario y me oyó explicar el evangelio mientras compartía lo que Cristo había hecho en mi vida. Sharon vino a mí con lágrimas en los ojos y dijo: «Quiero a Jesús en mi vida. Quiero ser cambiada como tú lo has sido». Mi corazón se volcó en ella.

La miré y le dije, «Eso tiene un gran costo, y tienes que saberlo. Yo tuve que dar la espalda a todo lo que conocía, incluidos mis amigos y también algunos miembros de mi familia, para crecer verdaderamente como cristiano. Lo que ves hoy en mí es fruto de diez años de doloroso crecimiento. No sucede de la noche a la mañana. Jesús nos pide que calculemos el costo antes de decidir seguirle. No quiere que nos engañemos pensando que la vida será más fácil. De hecho, posiblemente será más difícil cuando los amigos nos rechacen y malinterpreten nuestros motivos para abrazar esta nueva vida. ¿Por qué no te vas, piensas en ello y regresas mañana? Si crees que Dios realmente te está llamando a arrepentirte y a apartarte de tus pecados, te espero aquí mañana por la mañana a las diez». No volví a saber de ella.

¿Hice lo correcto? Creo que sí. Lo he hecho muchas veces desde entonces. Al trabajar con personas vulnerables, la tentación es empujarlas a alguna forma de compromiso aprovechando sus estados emocionales frágiles. Es fácil de hacer, y la gente de trasfondos pobres es fácilmente manipulable en cuanto a llevarla a seguir a Jesús por todo tipo de razones. Pero el arrepentimiento genuino es una obra del Espíritu de Dios, y les hacemos un gran perjuicio a las personas si no les presentamos el costo de seguir a Cristo.

Una de mis preguntas favoritas a los adictos a las drogas que a menudo se sientan en mi oficina y me preguntan si pueden «ser salvos» es: «¿Qué estás dispuesto a abandonar para seguir a Jesucristo?». Si la respuesta no es «todo», entonces es que no están listos y no han entendido el mensaje del evangelio. La respuesta habitual suele ser: «Mez, haré cualquier cosa». Y la mía es: «¿Cualquier cosa? ¿Estás seguro? De acuerdo, dame tu teléfono móvil para que pueda borrar de tu tarjeta SIM los números de tus distribuidores de droga». El noventa y nueve por ciento de las veces se levantan y salen. Si no pueden pagar ese precio, entonces tampoco pagarán el de Cristo.

CINCO RAZONES POR LAS QUE ES TAN IMPORTANTE COMPRENDER BIEN EL EVANGELIO

El evangelio es una buena noticia, la mejor de hecho. Y es esencial tanto que comprendamos el mensaje correctamente como que lo mantengamos en su lugar apropiado. Si entendemos mal el mensaje, es como si nos tomáramos una medicina en mal estado: no puede sanarte. Si ponemos otras cosas en el lugar que por prioridad le corresponde al evangelio, es como comprar un anillo de compromiso, sin comprar el diamante: nos quedamos con un marco que muestra maravillosamente... nada. Debemos estar dispuestos a tomarnos el tiempo necesario para entender bien el mensaje y comunicarlo con fidelidad. Aquí cinco razones del porqué:

1. Porque la eternidad es lo más importante

El evangelio abarca toda la vida, tanto esta como la venidera. Muchos jóvenes que quieren servir con nosotros a corto plazo en *Niddrie Community Church* arden de deseo por ayudar a los pobres y están apasionados por ser «misionales» y «romper barreras». Pero, tristemente, a menudo ponen el énfasis en el aspecto equivocado: la reconciliación racial, la justicia social, o la renovación cultural. El mensaje del evangelio no solo consiste en que Jesús te ama o que Dios quiere sacarte de tus dificultades actuales.

Como hemos dicho antes, lo más necesario en los programas de viviendas no es el cambio social o económico. El mayor problema es que la gente se aleja de un Dios santo porque el hedor de su pecado es una ofensa para él. Por tanto, lo que la gente de los programas de viviendas necesita es un verdadero Señor y Salvador, quien murió y resucitó por ellos para poder así borrar todos sus pecados y transformar sus corazones pétreos e idólatras en corazones de carne que adoran. Ningún otro mensaje ayuda a hacer esto.

Para ser claros, no nos oponemos a ayudar a las personas en sus problemas materiales del día a día. Hay situaciones en las que sería muy perjudicial para una iglesia el no ayudar a alguien necesitado materialmente. Pero debe darse prioridad al mensaje del evangelio; debe ser lo primero. La pobreza, la violencia y la injusticia son problemas reales a nivel personal y social pero son los síntomas de la enfermedad espiritual con la que todos cargamos. Tratar los síntomas es bueno y noble, pero sin la cura del evangelio, el paciente morirá. Cuando nos planteamos la evangelización y cómo alcanzar a nuestros necesitados programas de viviendas, debemos hacerlo con esta mentalidad de adentro hacia afuera.

James Montgomery Boice lo expresó así:

> El evangelio no es simplemente una nueva posibilidad de alcanzar la alegría y la plenitud en esta vida, como algunos parecen sugerir. Tampoco es una solución a lo que antes eran problemas frustrantes e indeseables. Más bien es algo de mucha mayor profundidad, algo relacionado con Dios, y solo sobre esta base vienen estas otras bendiciones de la salvación. Packer dice: «El evangelio nos trae soluciones a estos problemas, pero lo hace resolviendo primero... el más profundo de todos los problemas humanos, el problema de la relación del hombre con su Hacedor; y a menos que dejemos claro que la solución de esos problemas anteriores depende de la solución de este último, estamos malinterpretando el mensaje y convirtiéndonos en falsos testigos de Dios».[2]

2. Porque la gente no se salva de ninguna otra manera

En Hechos 4:12 leemos: «Y en ningún otro hay salvación; porque no hay otro nombre bajo el cielo, dado entre los hombres, en que podamos ser salvos». Si esto es cierto, la gente ha de creer el verdadero evangelio para ser salva y llevada a una relación correcta con Dios. No hay salvación en nadie más; no hay un plan B. Aquellos que piensan que por llegar a un programa de viviendas, vaciar algunos cubos de basura y plantar unos cuantos jardines, de alguna manera van a transmitir la verdad del evangelio por algún tipo de ósmosis espiritual están muy equivocados.

La fe viene por el oír (Ro. 10:17), así que proclamamos la obra sustitutiva y consumada de Jesús en el lugar de los pecadores en vez de ofrecer un programa de autoayuda. Las buenas obras, como el cuidado de los pobres, son una señal poderosa para los no creyentes (1 P. 2:12), pero en el libro de Hechos es la Palabra de Dios la que se propaga y causa el crecimiento explosivo en la Iglesia primitiva (véase Hch. 6:7). Por supuesto, los creyentes del primer siglo hacían buenas obras, como alimentar a los pobres, cuidar de las viudas y ayudar a los ancianos. Pero estas cosas eran subproductos de una vida vivida para la gloria del evangelio; no eran el evangelio en sí mismas. Las personas de nuestros programas de vivienda solo serán salvas si oyen la palabra del evangelio proclamada clara y comprensiblemente. No hay otra manera.

3. Porque de lo contrario, nos rendiremos

Si no entendemos bien el evangelio, podemos olvidarnos de cualquier tipo de proyecto de plantación de iglesias serio en los programas de viviendas. Debemos saber lo que hemos venido a hacer y el estado de las personas a las que hemos venido a servir. No podemos dejarnos sorprender y desalentar por la profundidad de la depravación humana. La gente de los programas de viviendas no la oculta tan bien como la gente de los barrios residenciales. Además, tampoco podemos desesperarnos en cuanto a si hay una solución para los problemas que afrontan las personas. Necesitamos el evangelio completo, el cual nos dice tanto la terrible verdad acerca de nuestro pecado como la gloriosa esperanza que tenemos en Cristo. Si alteramos, suavizamos o pervertimos el evangelio, el apóstol Pablo nos llama malditos (Gá. 1:8), y no debemos esperar el favor de Dios en nuestra obra.

4. Porque la gente va realmente al infierno

En Hebreos 9:27 leemos: «Está establecido para los hombres que mueran una sola vez, y después de esto el juicio». En una línea de pensamiento similar, cuando se le preguntó acerca de una torre que cayó y mató a dieciocho personas, Jesús mismo instó a la gente a arrepentirse, o de otro modo morirían por sus pecados (Lc. 13:5). Tal vez no parezca una respuesta muy pastoral a una pregunta acerca de las personas que fallecen trágicamente, pero Jesús se preocupaba demasiado por las almas de sus oyentes como para andarse por las ramas. Bíblicamente hablando, hay algo peor que la pobreza o la baja autoestima: el infierno; un lugar real, eterno y consciente. Tenemos el deber de declararlo con audacia y temor.

Todas las personas están naturalmente bajo pecado y son hijos de ira (Ro. 3:9; Ef. 2:3). Proceder de un trasfondo difícil no mitiga esa realidad en lo más mínimo. En una época en la que gran parte del pensamiento cristiano predominante acerca de los pobres se centra en amarles y en aumentar su autoestima, para muchas personas el infierno puede parecer un puente muy lejano. ¡Cuán a menudo la gente viene a los programas de viviendas con la idea de que todas las personas necesitan ser amadas o, peor aun, han de aprender a amarse a sí mismas! Si ese es tu diagnóstico del problema, entonces jamás le hablarás a la gente acerca de la realidad del juicio y el castigo eternos. Al fin y al cabo, ¡eso no refuerza precisamente los clásicos niveles de autoestima!

Pero si la Biblia es precisa, entonces debes creer que, en su estado natural, los hombres y las mujeres están destinados a ir al Infierno. Hebreos 9:27 es correcto, o no lo es; la gente comparecerá delante de Dios en el juicio, o no lo hará. No hay malabarismos hermenéuticos que puedan llegar a un punto intermedio en cuanto a esto. Así que, a la luz de esto, lo más amoroso que podemos hacer es advertirles acerca de su destino eterno.

Algunas de las personas que visitan los programas de viviendas utilizan la frase «el Infierno en la tierra» para describir lo que se encuentran allí pero, de hecho, esto solo ratifica que no tienen ni idea de lo que es el Infierno verdaderamente. Considera las siguientes Escrituras:

Allí será el lloro y crujir de dientes. (Mt. 8:12)

Entonces dirá también a los de la izquierda: Apartaos de mí, malditos, al fuego eterno preparado para el diablo y sus ángeles. (Mt. 25:41)

> Pero los cobardes cobarde e incrédulos, los abominables y homicidas, los fornicarios y hechiceros, los idólatras y todos los mentirosos, tendrán su parte en el lago que arde con fuego y azufre, que es la muerte segunda. (Ap. 21:8)

La vida de todo ser humano dura para siempre. Lo más importante es donde se pasa. Temo que la mayor parte del letargo evangelizador de la iglesia se deba al hecho de que no tomamos lo suficientemente en serio la doctrina del Infierno como para preocuparnos. Lo más amoroso que podemos hacer por las personas de los programas de viviendas no es ayudarlas con su factura de la luz, ni tampoco a encontrar trabajo, ni limpiarlas, ni darles una cama, ni ayudarlas a superar su adicción a las drogas. Lo más amoroso que podemos hacer por nuestros semejantes es proclamarles la realidad y la seriedad del Infierno, no importa lo que puedan pensar de nosotros después. Ese sí que es un acto de amor desinteresado.

Solo una parte de la verdad acerca de Dios no será suficiente. La Biblia describe a Dios de muchas maneras: está airado contra el pecado, ama a los pecadores, odia, lamenta y se regocija. Juzga el pecado y a los pecadores, pero también perdona y justifica a quien está genuinamente arrepentido. No predicamos un Dios únicamente airado, más de lo que tampoco predicamos a un Dios que es un gran Papá Noel cósmico. Predicamos un evangelio completo, no porque la gente se lo merezca, sino porque el acto de gracia supremo, amoroso, desinteresado, justificador, santificador y cósmico que hizo Cristo, lo merece. Les predicamos porque amamos al que nos amó primero.

5. *Por la gloria de Dios*

El evangelio trata, al final, de la gloria de Dios (fíjate que en 2 Co. 4:4 Pablo lo llama «el evangelio de la gloria de Cristo»). Dios escogió salvar a los pecadores de una manera en la que se muestra a sí mismo justo y perdonador (Ro. 3:26). Él escogió redimir a su pueblo de una manera que suscita eterna alabanza en sus corazones (Ap. 5:12). Él escogió llevar a cabo todo esto de una manera que magnificara su sabiduría al mismo tiempo que anulaba y frustraba la llamada sabiduría de las potencias de este mundo en abierta rebelión hacia él (1 Co. 1:21).

¿Presumimos de saber más que Dios? ¿Tenemos un evangelio mejor y más glorioso que el que Dios planeó desde la eternidad y ha ejecutado en el tiempo? Un evangelio centrado en el hombre —¡Dios te ama mucho! ¿no vas a aceptarle?— glorifica a los pecadores. Sin un mensaje de juicio, Dios parece injusto y permisivo, no glorioso. Sin un llamado al arrepentimiento y a la santidad, Jesús es proclamado como un salvador impotente para derrotar al pecado en las vidas de su pueblo (compara con 1 Jn. 3:8).

Dios quiere salvar a los pecadores en los programas de viviendas de Escocia y en los barrios de inmigrantes de Virginia del Norte. Esta convicción subyace en todo lo que estás por leer en este libro. Pero no lo hará por ningún otro medio que no sea el glorioso evangelio de su Hijo. Él no compartirá su gloria, así que ni un evangelio a medias ni uno diluido funcionará.

CONCLUSIÓN

Hace catorce años un pequeño grupo de jóvenes cristianos se plantó afuera de un centro comunitario en las calles de Swindon y me dijo que iba a ir al Infierno. Luego me explicaron lo que tenía que hacer para evitarlo. Escucha las buenas nuevas, recibe esas buenas nuevas, arrepiéntete, cree y sé bautizado. No quise oírlo. Pero después de cuatro años, y mucho dolor, cólera, y algo de arrepentimiento genuino posterior, fui salvo por la misericordiosa gracia de Dios. Escribo estas palabras hoy como pastor porque esos cristianos —literalmente— tomaron su vida en sus manos y me la dieron. Eso es lo que Dios nos pide. Esa es nuestra tarea principal si queremos alcanzar y ayudar a los necesitados.

¿IMPORTA LA DOCTRINA?

Hace unos años, me senté —Mike— a tomar un café con un viejo amigo de la universidad y me explicó cómo su visión del ministerio había cambiado desde que éramos estudiantes. Ahora estaba en el liderazgo de los ministerios universitarios en varios campus locales y explicaba su decisión de no ser tan «cruzcéntricos» —según sus propias palabras— como ambos lo habíamos sido quince años atrás: «Sabes, Mike, preferimos no ser tan… *doctrinales*. La cruz es importante, desde luego, pero no queremos quedarnos atascados en los argumentos del siglo XVI sobre la expiación. Al fin y al cabo, Jesús usó muchas imágenes distintas para describir su salvación, cosas como una semilla de mostaza que crece. Queremos extender el reino de Dios proclamando buenas nuevas a los pobres y libertad a los cautivos. Hay un gran trabajo por hacer, así que no podemos quedarnos atrapados en la teología».

Dejando de lado por un momento si el apóstol Pablo estaría de acuerdo con las prioridades de mi amigo —ya que declaró a los corintios que no quería conocer nada entre ellos sino que el reino de Dios se extendiera como una semilla de mostaza... oh, un momento... bueno, no importa (1 Co. 2:2) — ¿qué pasa con su argumento general? Su postura no carece de cierto fundamento.

Digamos, a título ilustrativo, que navegas en un barco hacia una ciudad lejana para advertir a la gente de un inminente desastre. Si no llegas a tiempo, todo el mundo morirá. Sobra decir que quieres que la embarcación navegue lo más rápido posible. Así que evitas cualquier exceso de carga que pueda ralentizar tu avance. No pierdes el tiempo preocupándote por mantener la cubierta limpia o el latón pulido. La urgencia de la tarea requiere que operes con eficiencia y austeridad.

Las personas que piensan como mi amigo argumentan que la urgencia de la misión cristiana nos obliga a replegar nuestras velas teológicas y a deshacernos de la pesada carga de la precisión doctrinal. Este tipo de carga solo provoca disputas y enfrentamientos entre personas que deben trabajar juntas. Si la gente sufre, los pobres son oprimidos, y los cautivos están atados, ¿por qué escribir libros, celebrar conferencias y discutir acerca del significado de unas cuantas palabras?

Aquí hago un alto para decir que la iglesia probablemente estaría mejor si los cristianos pasaran menos tiempo discutiendo en Internet acerca del infralapsarianismo y más hablando a sus vecinos acerca de Jesús. Pero esto no significa que las iglesias que pretenden alcanzar a los pobres y a los necesitados deban desechar sus convicciones y conversaciones teológicas.

La doctrina no es la carga del barco; es el casco y el mástil. La doctrina de una iglesia determina el carácter y la calidad de su testimonio. Su teología configura sus objetivos y su forma de intentar alcanzar esos objetivos. Presta atención a las palabras de Jesús a sus discípulos en la Gran Comisión:

> Y Jesús se acercó y les habló diciendo: Toda potestad me es dada en el cielo y en la tierra. Por tanto, id, y haced discípulos a todas las naciones, bautizándolos en el nombre del Padre, y del Hijo, y del Espíritu Santo; enseñándoles que guarden todas las cosas que os he mandado; y he aquí yo estoy con vosotros todos los días, hasta el fin del mundo. (Mt. 28:18-20)

Jesús ordena a los discípulos que vayan y hagan discípulos, lo cual implica dos cosas:

+ Primero, deben bautizar a las naciones en el nombre del Padre, del Hijo y del Espíritu Santo. El discipulado empieza con hombres y mujeres que llegan al arrepentimiento y la fe en el Señor Jesús por medio de la proclamación del evangelio. El bautismo es la culminación de esa etapa inicial de hacer discípulos.
+ Segundo, deben enseñarles a obedecer todo lo que él ha ordenado. Este es el proceso continuo de discipulado, ya que así el converso recién bautizado aprende qué significa vivir una vida agradable a Dios.

Así que la pregunta para este capítulo es la siguiente: ¿estos dos aspectos de la labor de hacer discípulos requieren que las iglesias conozcan y enseñen doctrina? ¿Podemos lograr esos objetivos gemelos simplemente mostrando el amor de Cristo y esforzándonos en renovar nuestras comunidades por medio de actos de servicio? Es altamente improbable. Más bien, lo que vemos en el Nuevo Testamento es que la teología es esencial para todos los aspectos de la vida de una iglesia. Consideremos cuatro ámbitos en los que esto es así: la salvación, la santificación, el liderazgo y la evangelización.

LA SALVACIÓN REQUIERE DOCTRINA

Los críticos de la necesidad doctrinal, a menudo observan sarcásticamente que seguramente Dios no va a abrir las cabezas de la gente en el último día para asegurarse de que las fórmulas doctrinales correctas están ahí dentro. No, probablemente no. Pero él les preguntará algo así como: «¿Confiaste en *mí*? ¿En mi verdadero yo, y no en una versión inventada de mí?».

En otras palabras, a Dios le interesa mucho si estamos confiando en ciertas verdades, porque en el caso de Dios la verdad doctrinal es la verdad personal.

Para experimentar la salvación en Cristo, una persona debe creer y confiar en las verdades acerca del Dios verdadero que esbozamos en el último capítulo:

* Que él es el Creador a quien debemos nuestras vidas (Gn. 1:26-28)
* Que es santo y justo, y debe castigar nuestro pecado por medio de la condenación (Ro. 3:23)
* Que es misericordioso y compasivo y por eso envió a Jesús, el Dios-hombre, a morir en la cruz por el pecado y resucitar (Ro. 3:21-26; 4:25)

+ Que nos llama a apartarnos de nuestros pecados y confiar en Cristo (Jn. 3:16; Hch. 17:30)

En pocas palabras, si alguien no se ha vuelto con todo su corazón a Dios y confiado en estas verdades gloriosas acerca de él, no puede ser salvo (Ro. 10:13-17). ¡La doctrina es necesaria para la salvación![1]

Por eso, cuando los apóstoles iban haciendo discípulos, no se avergonzaron de predicar mensajes doctrinales. Observa todos los temas doctrinales que ellos y otros expusieron a las multitudes incrédulas a lo largo del libro de Hechos[2]:

+ El Espíritu Santo (2:14-21)
+ La soberana providencia de Dios (2:23; 17:26)
+ La resurrección de Cristo (2:24-32; 3:15)
+ La crucifixión de Cristo (8:32-35; 13:28-29)
+ La forma en que el Antiguo Testamento apunta hacia Cristo (3:22-24; 7:2-53; 28:23)
+ La realidad del juicio venidero (10:42; 17:31; 24:25)
+ La exclusividad de Cristo (4:12; 19:26)
+ Dios el Creador (14:15-17; 17:24)
+ La autosuficiencia de Dios (17:24-25)
+ El reino de Dios (19:8; 28:23)

Los apóstoles entendieron que para que los incrédulos llegaran al arrepentimiento y a la fe en Cristo, estos necesitaban entender ciertas verdades acerca de Dios y su salvación por medio de Cristo.

De hecho, cuando Jesús se aparece en un sueño a un Pablo desanimado y descorazonado, le dice: «Ten ánimo Pablo, pues como has testificado de mí en Jerusalén, así es necesario que testifiques también en Roma» (Hch. 23:11). Jesús resume todo el ministerio evangelizador de Pablo, tanto a judíos como a gentiles, como testificar los hechos acerca de él. Eso es lo que Pablo hizo; iba de pueblo en pueblo difundiendo hechos acerca de quién era Jesús y qué hizo.

Es difícil reconciliar este panorama de la tarea evangelizadora de la iglesia con la afirmación de que nuestro testimonio debería impulsarse principalmente por actos de amor y misericordia hacia los necesitados. El hecho es que, el mundo puede ver a cristianos ofrecer sopa caliente o pintar tapando grafitis de las paredes durante mil años, y nunca llegará a la conclusión de que Jesús murió por sus pecados y resucitó. Debemos abrir nuestras bocas y proclamar el contenido del evangelio al mundo, o nadie se salvará.

LA SANTIFICACIÓN REQUIERE DOCTRINA

Algunos podrían sentirse tentados a creer que una persona necesita una cantidad básica de doctrina para *llegar a ser* cristiana, pero que la mayor parte de lo que llamamos «teología» o «doctrina» es innecesaria para crecer como cristiano. Claro, si tienes un temperamento que disfruta contemplando conceptos complicados y discutiendo con extraños por Internet, profundiza más. Pero el resto de nosotros estamos más interesados en aprender acerca de cómo vivir como Jesús en nuestras comunidades.

Pero resulta que los autores de las Escrituras no comparten este punto de vista. Vez tras vez, la Biblia ancla las acciones, los comportamientos y las actitudes correctas para el pueblo de Dios en la doctrina correcta. Mira estos ejemplos:

+ *Los diez mandamientos.* Este es el patriarca de todos ellos: la gran lista de cómo vivir. Sin embargo, ¿qué viene inmediatamente antes de estas instrucciones para la vida piadosa? Un fragmento de teología: «Yo soy Jehová tu Dios, que te saqué de la tierra de Egipto, de la casa de servidumbre» (Éx. 20:2). ¿Por qué los israelitas no debían tener otros dioses? Porque Jehová los libró de la esclavitud.

+ *Ama a tus enemigos.* ¡Aquí hay un mandamiento para activarnos por la causa del evangelio! Pero fíjate en que Jesús fundamenta tal amor activo en la teología: «Amad a vuestros enemigos, bendecid a los que os maldicen, haced bien a los que os aborrecen, para que seáis hijos de vuestro Padre que está en los cielos, que hace salir su sol sobre malos y buenos, y que hace llover sobre justos e injustos» (Mt. 5:44-45). ¿Por qué debemos amar a nuestros enemigos? ¡Porque Dios, nuestro Padre, es un Dios que ama a sus enemigos!

+ *Sé santo.* Se supone que los cristianos deberían ser santos. ¿Por qué? De nuevo, un apóstol nos lleva a la doctrina: «Como hijos obedientes, no os conforméis a los deseos que antes teníais estando en vuestra ignorancia; sino, como aquel que os llamó es santo, sed también vosotros santos en toda vuestra manera de vivir» (1 P. 1:14-15). No nos conformamos a los deseos que una vez nos gobernaron por causa de la santidad de Dios.

✦ *Las cartas de Pablo*. Finalmente, la estructura de las cartas de Pablo fundamenta mandamientos sobre verdades. Pablo quiere que los destinatarios de sus cartas presenten sus cuerpos como sacrificios vivos (Ro. 12:1), se vistan del nuevo hombre (Ef. 4:24), y anden en Cristo Jesús (Col. 2:6). Pero tales mandamientos son dados solo después de largas discusiones acerca de doctrina. Pablo educó a aquellas iglesias en cosas tales como la justificación y la glorificación, la tipología y la representatividad federal (Ro. 5:12-17; 8:30), la elección y la predestinación (Ef. 1:4-6), la depravación del hombre (Ef. 2:1-3), y la cristología (Col. 1:15-20).

La obediencia cristiana, incluyendo el sacrificio de alcanzar a los necesitados, debe estar anclada y motivada por el carácter y la actividad de Dios. Quita el ancla y permanecerás en el mismo lugar por un rato, pero pronto el viento y las olas te empujarán lejos, y la actividad sacrificial pronto cesará.

Cuanto más sabemos acerca de Dios, más nos sentimos movidos a obedecerle. ¿Cuántas personas han orado en una iglesia o en un *mission hall*[3], pero nunca han actuado porque no se les enseñó nada acerca de la verdadera carne doctrinal de la fe? ¿Cuántos cristianos están atrapados en conductas egoístas y perezosas, cuando no pecaminosas, porque no han sido confrontados ante el carácter de Dios y las implicaciones que tiene para sus vidas?

Pero, espera...

Una objeción que oigo de vez en cuando es que las comunidades pobres característicamente tienen menos acceso a una educación de calidad, lo que significa que las personas de esas comunidades no tienen las herramientas necesarias para aprender doctrina. Si las personas no viven en un ambiente en el que la lectura y el estudio son habituales, o si el analfabetismo está muy extendido, no se les puede enseñar conceptos teológicos complicados. Si lo intentas, no van a entender nada y perderás su interés.

Sinceramente, tales actitudes me parecen paternalistas y condescendientes. Los pobres son pobres, pero no son estúpidos. Son tan capaces de entender el carácter y los caminos de Dios como cualquier otro. Pablo no escribió sus cartas a la facultad de un seminario. Sus lectores generalmente no eran ricos, privilegiados o altamente instruidos. Y los israelitas que salían de Egipto no tenían títulos superiores en teología, pero Dios no vaciló en contarles todo tipo de cosas profundas y complicadas acerca de sí mismo.

Los pobres pueden captar verdades profundas. He visto como esto es cierto en la iglesia en la que sirvo en Estados Unidos, y vi lo mismo en el contexto de Mez en Edimburgo.

Considera el caso de Gordon. Tiene cuarenta años, no terminó la escuela secundaria ni había leído un libro en toda su vida antes de su conversión. No tenía ninguna experiencia previa con la iglesia o el cristianismo. Estaba alfabetizado, pero solo al nivel que le permitía leer el periódico. Cuando Gordon llegó a la iglesia de Mez, dijo que la enseñanza estaba por encima de sus capacidades. Voy a dejar que él lo explique:

> Antes de ser salvo, no podía entender lo que decía la Biblia. Ahora es como si me llamara y atrajera. Creo que es el

Espíritu Santo. Me veo pensando acerca de las profundas cuestiones de la vida de una manera que no lo había hecho antes. Quiero leer todo el tiempo. Aunque me pierdo con las grandes palabras teológicas, estoy decidido a aprenderlas. Quiero amar más a Dios. Quiero conocerle más. Me ha ayudado tener buenas personas a mí alrededor, quienes me explicaron todo sin mostrar condescendencia conmigo. En la escuela, si una cosa era demasiado difícil, me rendía. Ahora, aunque aprender algunas de estas cosas me da dolor de cabeza, también he aprendido a perseverar y tener paciencia conmigo mismo.

Antes de su fe en Cristo, Gordon no podía mantener un empleo a tiempo completo. Era adicto a las drogas duras y su vida era caótica. Cuenta que no podía quedarse quieto por más de dos minutos. Ahora se sienta y escucha un sermón de cuarenta minutos sin ningún problema y le encanta estudiar la Biblia en cuanto tiene oportunidad.

No debemos suponer que las personas son limitadas porque no han recibido educación o no han leído mucho. Por supuesto, tendrás que ajustar tus métodos pedagógicos si estás trabajando con personas que son completamente analfabetas o están mentalmente limitadas. Todos los buenos maestros ajustan su material al nivel de sus oyentes. En nuestra experiencia, aún está por llegar un tema doctrinal que haya sido demasiado complicado como para que los necesitados no lo entendieran. Si enseñas doctrina claramente y bien, confiando en el Espíritu Santo, el pueblo de Dios querrá aprenderla y crecer a partir de ella.

EL LIDERAZGO REQUIERE DOCTRINA

El Nuevo Testamento enseña claramente que se requiere un cierto grado de dominio doctrinal para el liderazgo de la iglesia. Se requiere que los líderes protejan a la congregación de la falsa doctrina y el error teológico.

+ Un anciano, dice Pablo, ha de ser «retenedor de la palabra fiel tal como ha sido enseñada, para que también pueda exhortar con sana enseñanza y convencer a los que contradicen» (Tit. 1:9).

+ Y a Timoteo, le dijo que «te quedases en Éfeso para que mandases a algunos que no enseñen diferente doctrina, ni presten atención a fábulas y genealogías interminables, que acarrean disputas más bien que edificación de Dios que es por fe». (1 Ti. 1:3-4).

+ Y no solo a Timoteo, sino a todos los líderes de la iglesia: «el siervo del Señor no debe ser contencioso, sino amable para con todos, apto para enseñar, sufrido; que con mansedumbre corrija a los que se oponen, por si quizá Dios les conceda que se arrepientan para conocer la verdad, y escapen del lazo del diablo, en que están cautivos a voluntad de él» (2 Ti. 2:24-26).

La verdadera doctrina da vida y santifica; la falsa enseñanza destruye el alma (véase Ap. 2:20-23). Así que Pablo advirtió a los ancianos de Éfeso que «lobos rapaces» se introducirían entre el rebaño y hablarían «cosas perversas». Por tanto, Pablo les dijo: «Mirad por vosotros, y por todo el rebaño en que el Espíritu Santo os ha puesto por obispos, para apacentar la iglesia del Señor, lo cual el ganó por su propia sangre» (Hch. 20:28). Una iglesia sin líderes que enseñen claramente la sana doctrina es como un antílope herido que se arrastra detrás de la manada. Un depredador espiritual lo atrapará.

Oramos por un movimiento de pastores y plantadores de iglesias que llegue a trabajar en lugares difíciles. Pero es fácil verse superado por la intensidad y la energía que requiere empezar algo nuevo o hacer algo desafiante. Las personas de las zonas pobres y necesitadas no precisan líderes emprendedores o creativos; necesitan líderes de iglesia que se dediquen a enseñar la fe que una vez fue entregada a los santos (Jud. 3).

LA EVANGELIZACIÓN REQUIERE DOCTRINA

La doctrina da forma al contenido de nuestra evangelización. Pero también nos da las motivaciones y los métodos para difundir el evangelio. Tanto Mez como yo somos calvinistas convencidos. Creemos que Dios —por gracia— planea y ejecuta la salvación de las personas, quienes de otra manera no podrían ni querrían decidirse por él. Y mientras algunas personas objetan que las «doctrinas de la gracia» destruyen nuestra motivación para la evangelización —porque si Dios elige y salva, ¿para qué molestarnos en difundir el evangelio?—, comprobamos que es más bien lo contrario. Al fin y al cabo, ¿querrías convencer tú a una persona espiritualmente muerta para que viva, o confíe en el Señor, que es quien hace que su pueblo viva en Cristo (Ef. 2:1-10)? No es en balde que Pablo, antes de Romanos 10 —su gran capítulo sobre la extensión del evangelio— escribe Romanos 9, su gran capítulo sobre la soberanía de Dios en la salvación. No podemos ser lo suficientemente inteligentes, lo suficientemente claros, ni lo suficientemente convincentes como para resucitar a personas espiritualmente muertas. Pero eso no significa que no debemos predicar el evangelio. Nuestra proclamación del evangelio no es nada más ni nada menos que el medio designado por Dios para salvar a los pecadores.

Piensa en ello: si vas a un programa de viviendas o accedes a una reunión de pandillas callejeras y compartes el evangelio, ¿preferirías ser tú quien les convenza de que han de creer en Jesús, o saber que Dios salvará infaliblemente a todo su pueblo albergado en ese lugar? Cuando Pablo necesitó aliento para continuar predicando el evangelio, el Señor le prometió que tenía muchas personas en la ciudad de Corinto que eran «su pueblo» (Hch. 18:9-10). Esa es la misma esperanza que motiva nuestros ministerios; esperamos, creemos y oramos para que el Dios que salva tenga gente en *Niddrie y Sterling Park*.

CONCLUSIÓN

¿El compromiso con enseñar y creer la doctrina impide la propagación del evangelio en los lugares difíciles? Difícilmente. De hecho, nuestra comisión de hacer discípulos y enseñarles a obedecer al Señor Jesús no puede lograrse sin tal compromiso. No es suficiente con demostrar el amor de Jesús a una comunidad necesitada. No es suficiente trabajar duramente para poder ver las estructuras sociales renovadas y reparadas. Debemos proclamar las verdades del evangelio, o solamente nos estaremos dando gloria a nosotros mismos y dejaremos a las personas en sus pecados y culpa.

PARTE 2

LA IGLESIA EN LUGARES DIFÍCILES

EL PROBLEMA PARAECLESIAL

Hace años, estuve —Mez— en Ciudad del Cabo, Sudáfrica, visitando a un joven llamado Andy. Andy estaba comprometido en el ministerio con una organización paraeclesial que se especializaba en trabajar entre las pandillas callejeras.[1] Había sido interino en *Niddrie* y me había pedido que lo visitara para proporcionarle rendición de cuentas a nivel espiritual. Una noche fuimos a cenar con algunos de sus amigos veinteañeros y compañeros en el ministerio. Eran todos jóvenes de rostros lozanos y de carácter entusiasta que estaban en Sudáfrica trabajando para el Señor entre los pobres y necesitados.

Pero, mientras escuchaba las conversaciones entre estos jóvenes misioneros, me sorprendió su profundo desdén por la institución de la iglesia local. Cuando les pregunté dónde se reunían para adorar. La respuesta me resultó tristemente familiar: «Adoramos juntos como amigos. Al fin y al cabo, allí donde dos o tres estemos reunidos, Jesús está con nosotros». Estas palabras fueron seguidas por un, «las iglesias locales no están haciendo su trabajo, así que llevaremos la iglesia a la gente». A medida que se animaba el tema, una joven dama me informó orgullosa de que no necesitaba estar en una iglesia local para demostrar su amor a Jesús (lamentablemente, un tiempo después regresó a su país y a día de hoy no adora a Jesús en ninguna parte).

Lo que estos jóvenes habían hecho, en efecto, fue sustituir a la familia de la iglesia local por el ministerio cristiano para el que trabajaban. En esta nueva familia todo el mundo se parecía a ellos, hablaba como ellos, pensaba como ellos, y amaba y luchaba por las mismas cosas que a ellos les apasionaban (en este caso los pobres, los necesitados y los miembros de las pandillas callejeras). Adaptaron esto a sus vidas y se convirtió en una mentalidad de «nosotros contra el mundo».

Pero esto es espiritualmente peligroso. Allí estaban, sueltos en Sudáfrica con poca rendición de cuentas espiritual excepto ante el supervisor asignado a ellos por su organización. Eran los únicos cristianos alrededor, un grupo de amigos espiritualmente inmaduros que probablemente apoyarían incuestionablemente los puntos de vista de cada uno acerca de la vida, Dios y la iglesia local. Cuando le señalé a una joven que su ministerio parecía no entender la importancia de la iglesia local, todos se burlaron. Aquí su respuesta, la cual nunca olvidaré: «Los pobres necesitan a Jesús más de lo que necesitan a la iglesia local». Sus amigos le felicitaron por esa frase tan bien dicha y la conversación cambió de tema, de lo cual me alegré, ya que estaba a punto de abofetearlos a todos.

Estaba atónito: eran partes y órganos vivos activos, con respiración, del cuerpo más amplio de Cristo, sin preparación y poco dispuestos a contribuir a la vida de un cuerpo local. No veían el problema que para Pablo estaba tan claro en 1 Corintios 12:18-21: «Mas ahora Dios ha colocado los miembros cada uno de ellos en el cuerpo, como él quiso. Porque si todos fueran un solo miembro, ¿dónde estaría el cuerpo? Pero ahora son muchos los miembros, pero el cuerpo es uno solo. Ni el ojo puede decir a la mano: No te necesito, ni tampoco la cabeza a los pies: No tengo necesidad de vosotros». Aquellos jóvenes miembros vagabundeaban sin un cuerpo, y no veían el perjuicio o el peligro al hacerlo.

Reflexioné acerca todo esto volando de regreso a casa. ¿Eran estos jóvenes enteramente culpables de su actitud hacia la iglesia local? ¿Era cuestión de una mala enseñanza o discipulado a nivel de iglesia local? ¿Radicaba el problema en la organización paraeclesial para la que trabajaban? Estaba seguro de que la respuesta implicaba un buen número de factores. Sin embargo, aunque algunos de estos jóvenes estaban equivocados, no pretendían ser dañinos y, para algunos, sus motivos honraban a Dios. Andy era un buen ejemplo de ello. Dice esto acerca del tiempo pasado allí: «Cuando estaba planeando ir a Sudáfrica, en mi mente estaba decidido a ser lo más radical posible. Viajé allí con un amigo para cambiar un municipio entero para Jesús». Este era un joven piadoso y concienzudo. No buscaba fama ni fortuna. Únicamente quería servir a su Señor y Salvador entre los pobres. Pero en lugar de ver a la iglesia local como un vehículo para sus aspiraciones, recuerda pensar en ella como «un estorbo para lo que quería hacer».

Consideraba a las agencias cristianas con las que servía como una sólida alternativa a la iglesia local. Al fin y al cabo, había leído las biografías de grandes hombres de fe como C. T. Studd y Hudson Taylor, quienes habían hecho grandes cosas en otras naciones sin que hubiera sido muy necesaria la iglesia local. Decidió que podía servir más eficazmente a Dios entre los pobres por medio de una organización cristiana especializada que parecía estar mejor equipada para hacer esa obra que una iglesia local, a la cual describió como un «aburrido y estructurado conjunto de reuniones».

EL PROBLEMA DE LA IGLESIA ES EL ATRACTIVO PARAECLESIAL

Andy y sus amigos no son los únicos obreros cristianos que he conocido y que tienen poca relación con la iglesia local. Varios años después de mi viaje a Sudáfrica, traté de organizar una reunión de los pastores y líderes de las iglesias que estaban ministrando en programas de viviendas de toda Escocia. Envié invitaciones a varias iglesias e hice correr la voz entre la vid evangélica. Un amigo incluso estuvo de acuerdo con dejarnos usar su casa de campo durante un par de días. Aunque asistieron varias personas, solo uno era pastor. De hecho, incluso ese caballero era realmente un misionero tratando de establecer una obra en un programa de viviendas —durante muchos años— con poca evidencia de conversiones. Todos los demás trabajaban para organizaciones cristianas, la mayoría eran jóvenes y obreros dedicados a los niños.

A medida que avanzaba la reunión, lo que yo esperaba que fuera un intercambio de ideas y recursos se convirtió en una prolongada sesión de consejería. Los jóvenes y los obreros que trabajaban con niños estaban deprimidos. Estaban en gran medida trabajando fuera de los parámetros de las iglesias locales, muchas de las cuales mostraban desinterés en ellos o eran incapaces de tatar a los jóvenes y niños problemáticos entre los que trabajaban. Además, estaban trabajando con poca o ninguna rendición de cuentas en sus vidas personales y espirituales.

Como resultado, la mayoría de estos obreros cristianos se sentían abrumados por la magnitud y la dificultad del ministerio con el que estaban comprometidos. Incluso llegó a salir a la luz el que uno de los líderes juveniles estaba envuelto en todo tipo de pecados, incluida la pornografía. Al final, yo estaba seguro de que el muchacho ni siquiera había nacido de nuevo. Toda esta experiencia me dejó desinflado y temeroso por el futuro del cristianismo en los programas de viviendas escoceses. Era como si estuviéramos luchando contra un incendio forestal usando pistolas de agua. ¿Qué íbamos a hacer?

Si los líderes de las iglesias queremos debatir seriamente acerca de este tipo de asuntos, entonces hemos que enfrentarnos a algunas realidades duras. El hecho es que en estos momentos en Escocia y en todo Estados Unidos muchas de nuestras comunidades pobres carecen de una iglesia centrada en el evangelio fácilmente localizable, sólida y viva. La gran mayoría de las iglesias que existen sobre el terreno son mortecinas iglesias liberales que predican un mensaje sin Cristo o envejecidas iglesias ortodoxas con un evangelio que nadie escucha. Las iglesias están haciendo muy poco cuando se trata de llevar el evangelio a las partes pobres y oprimidas de sus ciudades y vecindarios.

Y si somos honestos, tenemos que admitir que muchas iglesias no tienen ni los programas ni los recursos para llegar a los pobres que llaman a sus puertas, aunque se compadezcan de ellos. Pocas iglesias saben cómo evangelizar eficazmente en las comunidades pobres y, quizá, aún menos tienen un plan para discipular a esas personas que podrían venir a Cristo. Además, la cantidad de tiempo, esfuerzo, mano de obra y dinero necesarios para hacer mella en las áreas pobres es tal, que es como escalar una gran montaña para la iglesia local promedio, que lucha por mantener su cabeza por encima del agua. El resultado es que pocas iglesias que intentan implicarse en estas áreas o entre esta población, logran ir más allá de un intento evangelístico fallido o ministerios para paliar crisis como los bancos de alimentos. Muchos, por tanto, se encogen de hombros con resignación y dejan que la gente especializada de los ministerios paraeclesiales se encargue de la mayor parte del trabajo.

¿Es de extrañar que los creyentes comprometidos y los emprendedores espirituales hayan visto una brecha en el mercado y traten de cubrirla con ministerios especializados? Esta es la razón por la que en los programas de viviendas —y en muchas otras áreas pobres de todo el mundo— encontramos una proliferación de organizaciones juveniles cristianas, organizaciones infantiles, bancos de alimentos, bancos de ropa, clubes de desayunos y refugios de emergencia para personas sin hogar. Y francamente, es difícil criticar a los hermanos y hermanas bienintencionados que se han metido en la brecha para satisfacer las necesidades que de otro modo no habrían sido cubiertas. A diferencia de estos ministerios especializados en áreas pobres, los cuales suelen ser una colmena de actividad, las iglesias ubicadas en estas zonas necesitadas están enterrando a más personas de las que bautizan.

Compara esto con el trabajo de las organizaciones paraeclesiales especializadas, muchas de las cuales manejan toneladas de dinero en grandes estrategias de marketing, un departamento de recaudación de fondos a tiempo completo, una gran experiencia en publicidad multimedia, y emocionantes oportunidades para aquellos jóvenes que desean servir en algunas de estas zonas difíciles. Realmente no hay comparación. Andy lo resume perfectamente: «¿Por qué iba a trabajar para una iglesia? Significaría ser retenido por la estructura, la autoridad y ser antirradical. Cuando leo el Nuevo Testamento, veo vida y dinamismo, no tradiciones cansadas y aburridas. No quería entregar mi vida a eso».

Es fácil simpatizar con aquellos que sienten que es más emocionante hablar de «ser iglesia» en vez de unirse a una. No debemos culpar a los ministerios especializados por venir a los programas de viviendas, a las urbanizaciones y a los barrios marginales cuando las iglesias han descuidado sus deberes o simplemente no existen. A falta de iglesias sanas, no podemos culpar completamente a aquellos de nuestros jóvenes que siguen a estas organizaciones cristianas que trabajan fuera de los confines de las iglesias locales. Con mucho interés, son recibidos con los brazos abiertos, y sin crítica.

Una vez más, ¿por qué los jóvenes enérgicos con ganas de cambiar el mundo permanecerían en una iglesia local llena de personas ancianas que mantienen desesperadamente sus irrelevantes tradiciones, cuando un mundo de emociones y servicio les espera fuera de estos confines? ¿Por qué molestarse en implantar nuevas ideas, cuando el liderazgo de la iglesia local a menudo está cerrado y ha sido dirigido por décadas por hombres sin contacto con el mundo real que se aferran al poder? ¿Quién quiere ser conducido por un manojo de fósiles que siempre apuestan sobre seguro y aplastan cualquier cosa nueva que aflora? Tal y como Andy recuerda: «Yo estaba buscando algo más y pensé que una organización especializada pasaría por alto toda esa estructura y así podría empezar algo distinto, algo más radical y bíblico».

Este tipo de actitud plantea una serie de preguntas:

+ ¿Qué hacemos cuando las iglesias no están dispuestas o son incapaces de conectar eficazmente con las comunidades más pobres que tienen cerca?

+ ¿Están realmente las iglesias impidiendo que hombres y mujeres jóvenes como Andy y sus amigos a vayan a los lugares difíciles de este mundo?

+ ¿Debería hacerse algo para evitar que jóvenes como Andy salten del barco de la iglesia local y aborden organizaciones especializadas para trabajar en comunidades pobres?

+ ¿Realmente los ministerios especializados están atendiendo mejor a los pobres y necesitados? ¿Son la solución?

EL OBSTÁCULO PARAECLESIAL

Mi familia y yo pasamos cinco semanas en Nueva York hace varios años. Era un lugar que habíamos visto por televisión, acerca del que habíamos leído en revistas, y soñado con visitar, sin pensar que algún día se convertiría en una realidad. Al oír que iríamos, el mero pensamiento de ello hizo que Edimburgo pareciera gris y apagado. Habíamos construido el lugar en nuestras mentes y rebosábamos de entusiasmo mientras esperábamos llegar allí. Al llegar, la ciudad no me decepcionó. Era enorme y vibrante en comparación con la capital de Escocia. Era bulliciosa, ruidosa, colorida y dinámica. Nos encantó, superando todas nuestras expectativas.

Pero una vez que estuvimos por unas semanas, habiendo montado en el famoso metro, empezamos a ver la Nueva York que hay detrás de su grande y atrevida fachada. Mientras esperábamos nuestro tren, un día, mi hija menor contó más de veinte ratas que buscaban comida por las vías a nuestros pies. Y, aunque Central Park era hermoso, estaba lleno de vagabundos y mendigos. Detrás del arte, la arquitectura, y el esplendor de la ciudad subyacían muchos pecados, vicios y sufrimientos. No todo era lo que parecía. Por supuesto, no éramos tan ingenuos como para pensar que Nueva York era un paraíso sin pecado, pero la experiencia nos recordó que todo lo que nos rodea está roto. Muchas cosas parecen buenas a simple vista, pero has de rascar la superficie para ver lo que hay debajo.

De la misma manera, la iglesia es blanco fácil para la crítica. Hay muchas cosas que pueden estar mal en la iglesia, pero lo mismo puede decirse de los ministerios paraeclesiales, especialmente cuando estos trabajan en comunidades pobres.

Una de las grandes reivindicaciones de aquellos que apoyan a ministerios paraeclesiales —particularmente los que operan en el contexto de la pobreza— es que, efectivamente, pueden hacer lo que la iglesia no puede. Hasta cierto punto, eso es cierto. Cientos de miles de personas en Escocia han de estar indudablemente agradecidas por los paquetes de alimentos que han recibido durante esta crisis crediticia mundial. Sin embargo, echando un vistazo a los programas de vivienda escoceses del siglo XXI, con su amplio historial de ayuda paraeclesial, uno se pregunta, ¿dónde está el fruto espiritual a largo plazo tras décadas de trabajo paraeclesial? ¿Dónde están los indigentes convertidos? ¿Dónde están las iglesias sanas? A mi parecer, en ninguna parte. De hecho, en estas zonas hay menos iglesias, no más.

Esto puede sonar duro, pero tenemos que afrontar la dura realidad. Como Carl Trueman dijo una vez: «Lo paraeclesial existe única y exclusivamente para servir a la iglesia de manera subordinada y comparativamente insignificante».[2] Tal vez, al fin y al cabo, este gran experimento paraeclesial no haya sido de ayuda a la iglesia local. Digámoslo suavemente, pero quizá, en algunas áreas los ministerios paraeclesiales han debilitado y no han contribuido al avance del reino de Dios ni han edificado a la novia de Cristo. Así, por ejemplo, hay miembros de mi iglesia que se ven obligados a perderse tres de las cuatro reuniones dominicales por estar «trabajando» para su organización paraeclesial. ¿Dónde adoran en comunidad? En ningún sitio. Se les ha enseñado que la lealtad a su organización está al mismo nivel que la adoración.

Por supuesto, oímos de muchos relatos y leemos encantadores boletines informativos acerca de jóvenes que han «tomado decisiones» o que han sido ayudados de muchísimas maneras, pero ¿entonces qué? Si vamos a hacer preguntas difíciles a la iglesia, también tenemos que hacérselas a los ministerios paraeclesiales:

+ Una década después, ¿dónde están todas esas personas que tomaron su decisión por Jesús? ¿De qué iglesia son miembros? ¿Cómo han sido discipulados?

+ ¿Dónde están los líderes autóctonos y los ejecutivos de estas organizaciones que han sido evangelizados, discipulados y que han madurado como creyentes desde la base?

+ ¿Hemos considerado los inconvenientes de la evangelización sin una conexión significativa con una iglesia local? ¿Cuál es el sentido de un vaso de agua en el desierto cuando está a kilómetros de cualquier fuente permanente de agua?

En vez de ayudar a la iglesia local, nos tememos que muchos ministerios paraeclesiales están en competencia directa con ella. Por ejemplo, hace unos años, nuestra iglesia decidió financiar una encuesta de doce meses sobre la plantación de iglesias en un programa de viviendas. Pagamos un salario a una familia joven, la cual se trasladó a la zona con el fin de llevar a cabo un estudio detallado de viabilidad. No estábamos muy convencidos de que fuera necesaria una plantación allí, por lo que queríamos tener una foto clara de parte de alguien que estuviera trabajando sobre el terreno. Poco después de mudarse la familia, una ejecutiva de una organización paraeclesial nacional contactó conmigo. Estaba furiosa porque no le habíamos pedido permiso para estar allí y exigía saber por qué su grupo no había sido informado.

Mi respuesta fue que estábamos haciendo una inspección en la zona y que la persona enviada estaría en contacto con nosotros para hacer las observaciones pertinentes, y recopilar un informe que presentaría a los ancianos de nuestra iglesia para ser discutido y orar al respecto. Al final, resultó que la plantación no era viable. Sin embargo, decidimos apoyar a una pareja joven de otra denominación que ya está plantando una iglesia allí. Pero la respuesta de la agencia paraeclesial a la «amenaza» de nuestro ministerio fue contratar a un trabajador comunitario a tiempo completo y enviarlo a la zona para asegurarse de que los lugareños se mantuvieran fieles a su marca.

Ahora bien, este grupo se quejó de la falta de una iglesia local en esa comunidad. Se presentaron públicamente a sí mismos como si estuvieran buscando asociarse significativamente con una iglesia local. Pero la realidad es que una iglesia local en funcionamiento, a sus ojos, perjudicaría su ministerio —y su financiación— y por tanto hicieron todo lo que pudieron para asegurarse de que no interfiriéramos en su cuota de mercado.

Por tanto, ¿qué podemos decir acerca de los fracasos de las iglesias con respecto a los pobres? Bueno, seguramente la respuesta no puede ser que hagan falta más organizaciones paraeclesiales. A pesar del oropel y el glamour que rodean a muchos de ellos, estos ministerios no han sido ordenados por Dios de la misma manera que la iglesia local. A pesar de los errores y las debilidades de las iglesias, estas siguen siendo las únicas instituciones en la tierra establecidas y autorizadas por Dios para obrar explícitamente en el ministerio del evangelio, tanto en los lugares difíciles, como en cualquier otro. Consideraremos el papel de la iglesia en el próximo capítulo.

5

LA SOLUCIÓN DE LA IGLESIA LOCAL

«Si no preferimos a la iglesia por encima de todo aquello
a lo que damos atención, somos indignos de ser contados
entre sus miembros».

Juan Calvino, *Comentario al Libro de los Salmos*

El mundo a veces te pone enfermo. Picachu tenía unos diez años cuando yo —Mez— le conocí. Adorablemente lindo y extremadamente amistoso, vivía en unos arbustos bajo una sucia chapa amarilla, junto a un grupo de cerca de otros diez niños. Era uno de los mayores, y protegía ferozmente a su pequeña *familia*. Yo acababa de empezar un ministerio que consistía en llevar zumo y pan fresco por las calles, en un esfuerzo por contactar con las muchas pandillas callejeras de San Luis —Brasil— y Picachu y yo nos hicimos buenos amigos casi inmediatamente.

Su rostro se hizo más familiar, más viejo y más cansado a lo largo de los pocos años en los que lo conocí. Lo veía todos los días. Me abrazaba fuertemente y luego nos sentábamos para beber y comer, y así yo compartía la esperanza de Jesús con él y con sus amigos. Él escuchaba atentamente y a menudo me pedía que orara con él. A veces cantábamos un par de coros juntos. Un día le pregunté de dónde venía, y él me lo dijo. Cuando le pregunté si echaba de menos a su familia, me dijo que sí. A regañadientes, aceptó venir conmigo a una visita en un esfuerzo por reunirlo con su familia, con la esperanza de sacarlo de la calle y que regresara a la escuela.

Tras muchos esfuerzos, finalmente encontramos el lugar al lado de un basurero. El «hogar» familiar estaba hecho de cajas de madera, postes viejos de una cerca, partes de coches y suciedad. El olor de las aguas residuales, que fluían en riachuelos por el suelo de madera, era insoportable. Once personas vivían en este lugar que no era más grande que cualquiera de nuestros aseos. Era horrible. No es de extrañar que Picachu viera las calles como una opción mucho mejor.

Imaginé que el niño sería bienvenido, un poco como el hijo pródigo. Pero tan pronto como su madre lo vio, empezó a gritar obscenidades y me dijo que me lo llevara. En un momento dado, incluso se ofreció a vendérmelo. Más tarde, un anciano salió de la casa y empezó a golpear al niño sin ningún motivo. Emprendimos la retirada. Más tarde descubrí que su madre le decía que se fuera y se muriera y que el viejo era su abuelo, quien había estado abusando sexualmente de él desde que era un bebé.

Recuerdo que me alejé caminando de aquel lugar, con cientos de bebés y niños pequeños jugando por las calles, y comprendí que había tropezado con el caldo de cultivo de la próxima generación de Picachus. Me sentía enfermo, furioso y desesperado. La ocasional rebanada de pan, el vaso de zumo y la bonita historia bíblica parecían inútiles ante la aplastante realidad del alma de este chico. Se necesitaba algo más, y tuve que admitir que no sabía qué era.

Hice todo lo que pude por niños como Picachu según mi limitada capacidad, pero la dura realidad era que mi ministerio en las calles no producía ningún cambio en la vida de estos jóvenes. Lo mejor que podíamos hacer era intervenir puntualmente en la crisis, pero no había esperanza ni cambios duraderos. Aquellos niños que colocamos en hogares de acogida a menudo se escapaban en pocos días para volver a las calles a mendigar y venderse a cambio de drogas. Muchos jóvenes se convirtieron en «habituales» de nuestros centros de acogida. Para los de afuera parecíamos ocupados —porque lo estábamos— y para los colaboradores que venían del primer mundo significaba una buena oportunidad para sacarse fotos y aparentar éxito en términos ministeriales. Pero yo vivía con la verdad todos los días. Sinceramente, estaba deprimido, por la vorágine de nuestro trabajo.

Un día, de forma inesperada, las cosas llegaron al límite. Me presenté donde solía estar Picachu, y vi que había más niños de lo habitual. Al acercarme, oí el llanto de un bebé acurrucado en los brazos de una niña de no más de doce o trece años. Resultó que era la madre y acababa de dar a luz. Cuando le pregunté a la madre acerca de *su* madre, me dijo que la abuela de este bebé era otra niña de la calle, ahora en la veintena, en otra parte de la ciudad. La naturaleza social, institucional e intergeneracional de este problema golpea los hogares.

Mientras ponía en orden mis pensamientos, Picachu se acercó a mí sonriendo de oreja a oreja y me presentó a su *irma* (hermana). Ella era increíblemente adorable con la piel dorada y ojos marrones de cachorrito. Cuando le pregunté a Picachu qué estaba haciendo ella allí con él, respondió: «Ha venido a vivir con nosotros, pastor. Todos lo han hecho. Oyeron hablar del pastor que nos alimenta y nos ama, y así que han venido». Su brazo apuntó a su pequeña banda que ahora había aumentado hasta unos veinte niños.

Me quedé sin palabras. Se suponía que mi ministerio era de sacar a los niños de las calles para que regresaran a sus hogares pero, en vez de eso, lo que había hecho involuntariamente era atraer a los niños a las calles alejándolos de sus familias —tal y como eran— y sus comunidades. Había visto las ratoneras y las situaciones abusivas de las que habían escapado, pero yo no podía justificar esto.

Otros amigos habían lidiado con este problema abriendo hogares para los niños, pero muchas de esas casas, aunque hacían un trabajo asombroso, no eran más que puertas giratorias por las que los niños entraban y salían con una frecuencia alarmante. Tuve que reevaluar todo lo que estaba haciendo.

LA SOLUCIÓN DE UNA IGLESIA LOCAL

En un esfuerzo por llegar al origen del problema de los niños de la calle en nuestra ciudad, empecé a rastrear de dónde provenían. Se hizo evidente que la mayoría provenía de una zona pobre en particular, a las afueras de la ciudad. Así que un día fui a ese barrio con compañeros de trabajo brasileños, y empezamos a hablar de la posibilidad de fundar una iglesia en medio de esta comunidad. En cuestión de meses, habíamos adquirido un terreno y construido un centro comunitario, una pequeña escuela y un campo de fútbol, y así nació la Iglesia Buenas Nuevas.

Con un pequeño grupo de brasileños, empezamos a re-unirnos para tener estudios bíblicos y una pequeña reunión el domingo por la mañana en nuestro nuevo edificio. Pronto empezaron a llegar los vecinos, oyeron el evangelio y fueron salvos. Como parte de nuestro proceso de discipulado, los capacitamos para trabajar, educamos a sus hijos, ofrecimos actividades deportivas y clubes infantiles.

La diferencia fue increíble. En mis dos años trabajando con niños en las calles, no habíamos logrado rescatar a uno solo de ese estilo de vida. A pesar de las condiciones horribles y peli-grosas que les envolvían, la mayoría de ellos no quería cambiar sus vidas, incluso cuando los llevábamos a casa, los vestíamos y los alimentábamos. Se habían acostumbrado a ese estilo de vida y la libertad que les ofrecía. Sin embargo, durante el tiempo que pasé en la Iglesia Buenas Nuevas —y en los muchos años que siguieron a mi partida— se impidió que un buen número de niños cayera en ese mundo. Todo esto se debió a un cambio de estrategia; de trabajar en prevención de crisis a establecer una iglesia que predicaba el evangelio, que dio la bienvenida a los pobres y procuró ministrar todo los aspectos de la vida. Fue un trabajo más lento, más costoso financiera y personalmente. Pero sigo convencido de sus beneficios en la batalla por la vida de los niños de la calle en Brasil.

¿IMPORTA REALMENTE LA IGLESIA LOCAL?[1]

En una palabra, sí. A pesar de todo lo que hemos dicho acerca de los fracasos de la iglesia local y el relativo atractivo de mu-chos ministerios paraeclesiales, Mike y yo sostenemos que las iglesias locales sanas y centradas en el evangelio son la manera ordenada por Dios para ministrar en los lugares difíciles. Algunos podrían pensar que en realidad no importa quién haga el trabajo, siempre y cuando se dé a conocer a Jesús. Pero pensamos que la iglesia es importante por varias razones.

1. La iglesia local es la manera en la que Dios lleva a cabo su misión en el mundo

Es principalmente a través de la iglesia que Dios quiere darse a conocer. La iglesia local es la principal estrategia de evangelización divina. Así, por ejemplo, cuando el apóstol Pablo reflexionó acerca de su estrategia ministerial, escribió: «Desde Jerusalén, y por los alrededores hasta Ilírico, todo lo he llenado del evangelio de Cristo. Y de esta manera me esforcé a predicar el evangelio, no donde Cristo ya hubiese sido nombrado, para no edificar sobre fundamento ajeno» (Ro. 15:19-20).

Pablo consideró la región que va de Jerusalén a Ilírico —lo que llamaríamos hoy los Balcanes— como alcanzada por el evangelio. El ministerio del evangelio «llenó» la zona por completo. ¿Fue eso debido a que Pablo predicó el evangelio en cada comunidad y hogar existentes en esa vasta área? Por supuesto que no. Más bien, Pablo pudo dar por evangelizada esta parte del mundo porque *sabía que había iglesias establecidas en esos lugares.* Pablo sabía que esas iglesias serían la manera en la que el evangelio se extendería por todas las poblaciones individualmente. Las iglesias locales hacen evangelización local.

La iglesia está en el centro de los programas de Dios para la misión. Por eso, cuando el apóstol Pablo envió a hombres como Tito y Timoteo para alentar a los creyentes, lo hizo para edificar congregaciones locales, no para establecer organizaciones paraeclesiales independientes. De hecho, casi todas las epístolas del Nuevo Testamento fueron escritas —y todavía esto es aplicable— a iglesias específicas. En resumen, Dios ha escogido a la iglesia local, y no a ninguna otra organización humana, como representante de su reino en el mundo.

2. La iglesia local debería importarnos porque es importante para Dios

El apóstol Pablo escribió a la iglesia en Éfeso, diciendo: «Y sometió todas las cosas bajo sus pies, y lo dio por cabeza sobre todas las cosas a la iglesia, la cual es su cuerpo, la plenitud de Aquel que todo lo llena en todo» (Ef. 1:22-23). La iglesia es el cuerpo de Jesús aquí en la tierra. Esta Iglesia universal está formada por todo tipo de personas de todas las clases sociales: judíos y griegos, hombres y mujeres, educados e incultos, esclavos y libres. Lo mismo es cierto si estamos en Niddrie o en la Norteamérica rural. Si seguimos a Jesús, todos somos uno en él, vivamos en Washington, D. C. o en Edimburgo. Juntos representamos a Cristo aquí en la tierra por medio de nuestro cuerpo local de creyentes. Por tanto, la iglesia es crucial en los propósitos de Dios y es beneficiosa para el mundo que nos rodea, incluso hoy, en nuestra cultura cada vez más hostil.

Dios ha diseñado la iglesia principalmente para su gloria. Efesios 3:10 nos informa de que es a través de la iglesia como Dios da a conocer su «multiforme sabiduría». Independientemente de los fracasos de cada congregación, toda iglesia verdadera es un escaparate de la gloria y la sabiduría infinitas de Dios. La Biblia nos enseña que la iglesia es esencial para los propósitos de

Dios. Por tanto, debe ser esencial en la vida de cada cristiano verdadero. Pablo dice: «Maridos, amad a vuestras mujeres, así como Cristo amó a la iglesia, y se entregó a sí mismo por ella... Porque nadie aborreció jamás a su propia carne, sino que la sustenta y la cuida, como también Cristo a la iglesia» (Ef. 5:25, 29). Jesús ama a la iglesia a pesar de sus muchas deficiencias y aparente irrelevancia para el mundo que la observa. La iglesia es su esposa y no tiene planes de tomar otra. En Hechos 20:28 leemos que Jesús ha edificado la iglesia con su propia sangre. La iglesia está construida para Jesús, por Jesús y sobre Jesús. Es impensable entonces separar a Jesús de la iglesia local. Si el evangelio es el diamante en el gran plan salvífico de Dios, la iglesia es el broche que lo sostiene, lo sujeta y lo muestra con su mayor brillo para que el mundo lo vea.

3. La iglesia local es donde el creyente crece

La iglesia local también es importante en la vida de todo cristiano profesante, ya que es en ella donde aprendemos doctrina, recibimos represión, y nos entrenamos en la justicia. Pablo recuerda a la iglesia en Éfeso que es Cristo mismo quien «constituyó a unos, apóstoles; a otros, profetas; a otros, evangelistas; a otros, pastores y maestros, a fin de perfeccionar a los santos para la obra del ministerio, para la edificación del cuerpo de Cristo, hasta que todos lleguemos a la unidad de la fe y del conocimiento del Hijo de Dios, a un varón perfecto, a la medida de la estatura de la plenitud de Cristo» (Ef. 4:11-13).

En un programa de viviendas como Niddrie, la gente necesita el tiempo y el esfuerzo coordinados que solo una iglesia local puede proporcionar. Muy a menudo la gente cruza nuestra puerta después de haber oído el evangelio por medio de algún ministerio paraeclesial. Sin embargo, casi siempre tienen grandes lagunas en su conocimiento bíblico y comportamiento cristiano. Sin una iglesia local comprometida en enseñarles y capacitarles pacientemente, estas personas zozobrarán indefinidamente.

Ron es un excelente ejemplo de este problema. Era un joven que acudió a nosotros después de haber pasado algún tiempo con una organización cristiana que lo ayudó a lidiar con sus adicciones. Durante ese tiempo, había hecho profesión de fe en Jesús y había estado tratando de vivir como un cristiano tras concluir su programa de ayuda. Tenía una Biblia y acceso a Internet pero poca exposición a la comunión cristiana en el marco de una iglesia local.

Como resultado, todas las personas que conocía que habían profesado la fe eran adictos, por lo que toda su experiencia cristiana se formó en torno a la adicción. Nunca se había mezclado con nadie que no fuera de esta cosmovisión cultural, y no había crecido mucho más allá de «Ven a Jesús y trata de mantenerte limpio». Era un creyente genuino, pero estaba desnutrido espiritualmente en términos de la Palabra y la comunión con la iglesia.

Ron estaba en un lugar peligroso en el sentido espiritual, pero necesitaba salir de él lentamente. Había saltado de un lugar a otro, recogiendo restos teológicos y doctrinales de varias congregaciones. Debido a que no había sido criado con una dieta espiritual saludable, tuvo un fuerte shock una vez que comenzamos a alimentarle incluso con las verdades bíblicas más elementales.

Tuvimos que alimentarle lentamente con las verdades básicas acerca de la santidad de Dios, el pecado y el arrepentimiento bíblico. Esto era sólido alimento para su alma, y al principio fue difícil de digerir. De hecho, se revolvió contra ello y rechazó muchas de las cosas que en las iglesias evangélicas damos por sentado, como el hecho de que todas las personas nacen bajo la justa ira de Dios. La organización que inicialmente le había ayudado respecto a un solo tema —su adicción— no estaba preparada para ayudarle a crecer y convertirse en un cristiano espiritualmente completo.

Cuando llegó a nuestra iglesia, conoció a gente como él —muy importante— y a personas que eran muy diferentes a él (igual de importante). Lo interesante fue observar cómo procesaba la información que recibía y lidiaba con ella en comunidad. ¿Nacen realmente todas las personas siendo pecadoras? ¿Verdaderamente ha estado toda la humanidad bajo la ira de Dios aparte de Jesús? ¿Iban a ir al Infierno su familia y amigos incrédulos? Necesitaba personas a su alrededor para ayudarle a procesar tales preguntas. Necesitaba a personas que venían de contextos difíciles, que habían luchado con los mismos problemas que él y habían conseguido llegar al otro lado. También necesitaba a personas que procedían de un ambiente más estable y que habían batallado a través de diferentes problemas teológicos. Necesitaba estar expuesto a todo el consejo de Dios y confiar en ello como su verdad absoluta, no en sus sentimientos. Sin saberlo Ron, esto era parte de su experiencia de crecimiento (y también para todos los que lo rodeaban).

Tras una lucha inicial, se bautizó y llegó a ser miembro de la iglesia. Ahora tenía una red de relaciones a lo largo de varias divisiones sociales. Sus amigos ya no eran como él. Ya no había un montón de ignorancia en torno a su vida cuando se trataba de asuntos espirituales. Más importante aun, Ron empezó a ver la importancia de la iglesia local. A medida que su conocimiento de la Biblia crecía lentamente, también crecía su fe. Fue una batalla personal en los primeros días, pero consiguió dejarla atrás —al igual que nosotros— y hoy sigue creciendo como cristiano al mismo tiempo que estudia para convertirse en un profesional de la construcción. Fue únicamente cuando Ron estuvo junto a otros pecadores arrepentidos que sus propios pecados salieron a la luz, y fue tan solo cuando confesó estas frustraciones y pecados a hermanos maduros, que pudo entender el arrepentimiento, la santificación y la perseverancia. En resumen, fue una iglesia lo que le ayudó a aplicar las Escrituras en su vida. Como Ron dice ahora, «Duele, pero la iglesia local me salvó la vida».

4. La iglesia local es el lugar donde los creyentes deben someterse a la autoridad espiritual

Las personas en los programas de viviendas de Escocia tienen un problema con la autoridad. Todas las figuras de autoridad son tratadas con sospecha y burla. Lo veo en toda la cultura del programa de viviendas de Niddrie; desde un desprecio casi universal por la policía hasta la forma en que se comportan los jugadores de nuestro equipo de fútbol local. Todas las semanas entrenamos a hombres jóvenes, para jugar al fútbol.[2] Sin embargo, nunca aceptarán la crítica ni la opinión de alguien a quien consideran una autoridad.

Cuando este tipo de personas vienen a Cristo, esta actitud ha de ser tratada inmediatamente. Dios llama a los cristianos a someterse al liderazgo espiritual, y el mejor y más seguro lugar para hacerlo es dentro de un cuerpo local de creyentes que funciona. El autor de Hebreos es muy claro en cuanto a esto: «Obedeced a vuestros pastores, y sujetaos a ellos; porque ellos velan por vuestras almas, como quienes han de dar cuenta; para que lo hagan con alegría, y no quejándose, porque esto no os es provechoso» (He.13:17).

Los ancianos son llamados por Dios para supervisar la asamblea local de los creyentes: «Mirad por vosotros, y por todo el rebaño en que el Espíritu Santo os ha puesto por obispos, para apacentar la iglesia del Señor, la cual él ganó por su propia sangre» (Hch. 20:28). Por tanto, todos los creyentes deben ser miembros de una iglesia local y estar bajo el cuidado y la supervisión de los ancianos. Los creyentes que no son parte de una iglesia local no están obedeciendo a Dios. De hecho, están pecando contra él. Jonathan Leeman lo expresa así: «Los cristianos no se *unen* a las iglesias; se *someten* a ellas».[3]

Una cultura que desprecia cualquier tipo de autoridad necesita ver modelos sanos de liderazgo y sumisión, y el mejor lugar para que la gente vea este modelo es la iglesia local.

5. *La iglesia local es el lugar idóneo para la rendición de cuentas espiritual*

Hace muchos años pasé algún tiempo con un obrero paraeclesial. Era conocido por su personalidad. Su organización estaba orgullosa de él. Hizo un trabajo brillante con niños que venían de trasfondos difíciles. La gente se agolpaba en torno a él, y su foto estaba a menudo en los folletos de la organización. Pero personalmente era un completo desastre. Me confesó que no había leído la Biblia desde hacía años. Era adicto a las webs pornográficas y salía frecuentemente a beber con sus amigos que no eran cristianos. Pero cuando estaba cumpliendo con sus horas de trabajo, llevando los clubs infantiles y proporcionando a sus patrocinadores oportunidades de hacerse fotos, su organización era feliz y no tenía nada que reprocharle. Todo el mundo estaba muy ocupado, y solo había tiempo para algunas reuniones mensuales de equipo y evaluaciones anuales.

Debido a que este hombre no ofrecía una verdadera rendición de cuentas espiritual, había estado vagando espiritualmente durante años. No pertenecía a ninguna iglesia local. Cuando iba a la iglesia, cada vez elegía una diferente. Eso era suficiente para que su organización estuviera satisfecha, y le permitió mantenerse en el anonimato en aquellas iglesias que visitaba.

¿Es el de este hombre un ejemplo muy extremo? Tal vez lo sea. Pero me temo que su experiencia no está muy lejos de la de muchos que trabajan para ministerios paraeclesiales. He conocido y aconsejado a demasiados como para engañarme y pensar que la historia de este hombre es una anomalía.

Todos los cristianos necesitan la rendición de cuentas y la disciplina que el ser miembro de una iglesia local ofrece. Evita que vayamos a la deriva. Ofrece un contexto para el estímulo y la represión. Proporciona una comunidad para animarnos una a otros al amor y a las buenas obras. Algunas personas argumentan que su ministerio paraeclesial o sus amigos son su comunidad. Pero la rendición de cuentas no es mantener charlas amistosas con nuestros amigos; es una sumisión humilde a los líderes de nuestra iglesia y a los demás miembros.

6. La iglesia local es el lugar en el que la disciplina es administrada bíblicamente

No tiene mucho sentido quejarse de la falta de disciplina en las organizaciones paraeclesiales. No es su trabajo. La tarea de disciplinar a los creyentes rebeldes o abiertamente pecadores recae sobre la iglesia local (Mt. 18:15-17; 1 Co. 5:1-13; 2 Ts. 3:6; Tit. 3:10).

Fíjate en Rab por ejemplo. Tras ser salvo de un trasfondo de abusos con el alcohol, se unió a nuestra iglesia, se bautizó e hizo grandes progresos; hasta que un día decidió dejarse llevar y emborracharse. Decidió unirse a otra iglesia que no le obligaba a rendir cuentas. Lo llamamos. Hablamos con sus padres. Oramos por él.

Sin embargo, finalmente tuvimos que ponerlo en la lista de casos a atender por la iglesia. Esto supuso convocar una reunión de miembros y explicar a la congregación lo que estaba ocurriendo. Anunciamos que íbamos a darles a los miembros un mes para escribirle, enviarle correos electrónicos o llamarle para animarle a regresar al Señor y a la iglesia. Este proceso no siempre funciona, pero con Rab sí fue el caso. Al cabo de una semana Rab se arrepintió y volvió a la iglesia. ¡Qué testimonio para la iglesia y para la sociedad que la observa!

Si lees la Biblia, verás a la iglesia por todas partes, pero no verás a los ministerios paraeclesiales por ningún sitio. Ahora bien, dejémoslo claro, Mike y yo creemos que muchos de los ministerios paraeclesiales existentes son estupendos. Tan solo nos oponemos a que estos ministerios compitan o reemplacen a la iglesia local, lo hagan conscientemente o no. En su lugar, deben ver su papel como edificadores al servicio de la extensión del evangelio *mediante* las congregaciones de su comunidad.

LA LABOR DE LA EVANGELIZACIÓN

Los programas de viviendas de Escocia tienen problemas.
Sobre la base de mis —Mez— conversaciones con hermanos
de Estados Unidos, diría que los parques de caravanas nortea-
mericanos y los barrios céntricos pobres son así. Las iglesias
de estas zonas están en declive desde hace bastantes décadas.
Gran parte del ministerio cristiano está teniendo lugar en estas zonas: comedores sociales, clubes de desayunos y todo tipo
de obra juvenil. Sin embargo, muy poca evangelización vincu-
lada a una iglesia local sana está teniendo lugar.

Hace cincuenta años, en Escocia, los *mission halls* flo-
recían en los programas de viviendas de nuestras grandes
ciudades. Las iglesias del centro de la ciudad a menudo
los veían como lugares para que los jóvenes predicadores
tuvieran la oportunidad de practicar su oficio. Desafortunadamente, esas iglesias nunca animaron a aquellos jóvenes

a permanecer allí y establecer iglesias locales. La gente se convirtió a través de la predicación, pero estos conversos no se reunieron en iglesias autóctonas. Más bien salieron de los programas de viviendas tan pronto como pudieron. Como resultado, a día de hoy el panorama evangélico en estos lugares es desolador. Los predicadores del evangelio de la prosperidad, las organizaciones paraeclesiales mal equipadas y las agencias sociales gubernamentales llenan el vacío. Las iglesias restantes que han luchado por la pureza doctrinal a expensas del compromiso cultural ahora se encuentran en la periferia de las ciudades (envejecidas y moribundas). Tienen un evangelio, pero nadie a quien predicarlo. Mientras tanto, las iglesias que se adaptan a la cultura y se comprometen con ella a expensas de las verdades bíblicas tienden a ser socialmente sensibles pero, irónicamente, tienen el mismo tipo de congregaciones ancianas y moribundas. Son vistas poco más que como agencias de obra social.

Esto es lo que sucede en la práctica:

+ Jim ha estado asistiendo al pequeño *mission hall* de su programa de viviendas durante cincuenta años. Recuerda los días en que estaba lleno hasta arriba y cientos asistían al ministerio infantil. Ahora solo asisten seis; todos los demás han muerto o se han mudado. La iglesia solía llamar a las puertas, repartir folletos e invitar a predicadores. Esos días quedaron atrás.

+ Ann asiste a la parroquia de su localidad. No predican el evangelio y solo continúan asistiendo unas pocas personas. Pero ella ama a la iglesia, y las prédicas del domingo suponen una agradable pausa a su semana. Nunca pensó en invitar a la iglesia a sus vecinos hindúes porque su párroco dice que todos somos hijos de Dios a pesar de que le adoremos de diferentes maneras.

+ Gary casi tiene treinta años y tiene el deseo de alcanzar a los perdidos. Trabaja para una obra benéfica cristiana como empleado social para algunos de los solicitantes de ayuda de dicha organización. Gary conoce a muchas personas de los programas de viviendas por medio de estas personas, y algunas de ellas saben que es cristiano, sin embargo no saben lo que eso significa realmente. A Gary le está permitido compartir su fe si la gente se lo pide, pero tiene vetado hacer proselitismo. Es más fácil estarse callado. De todas formas, está dando un buen testimonio simplemente ocupándose de la vida de las personas a su cargo, ¿no es así?

¿Qué pasaría si juntaras a estas tres personas en una sala? Jim podría juzgar a Ann y a su iglesia por no preocuparse por el destino eterno de la gente. En cambio, Ann podría mirar a Jim con disgusto. ¿Cómo pueden creer todo eso acerca del fuego y el azufre? Gary probablemente se quedaría mirando a ambos preguntándose por qué no pueden llevarse bien. Sin embargo, la triste realidad es que los tres están atrapados en una espiral descendente. ¿Cómo puede propagarse el evangelio si las iglesias lo han perdido? ¿Cómo puede prosperar el cristianismo cuando hacer el bien ha reemplazado el hablar la verdad del evangelio? El legado de estos tres enfoques es que el cristianismo esté en declive. Necesitamos repensar la manera en que abordamos la evangelización.

UNA DEFINICIÓN DE LA EVANGELIZACIÓN BÍBLICA

Ha habido una explosión de interés en los ministerios de misericordia entre los evangélicos. Lamentablemente, buena parte de ello se está viendo impulsado por una teología irreflexiva. No es raro escuchar a la gente hablar acerca de la evangelización de las siguientes maneras:

+ Predica el evangelio en todo tiempo, y si es necesario usa palabras.
+ La evangelización es tanto lo que hacemos como lo que decimos.
+ Nuestra iglesia está enfocada en amar a la gente, no en reclutarla.
+ La gente necesita experimentar el amor de Dios, no escuchar acerca de su ira.
+ Traemos la Biblia en una mano y pan en la otra.

¿Son estas maneras satisfactorias de pensar acerca de la labor de la evangelización? Si queremos que la gente se salve por el evangelio de Jesucristo, entonces necesitamos entender la evangelización. Mack Stiles, en su excelente libro *La evangelización: Cómo toda la iglesia habla de Jesús*, define la evangelización como *enseñar el evangelio con el objetivo de persuadir*.[1] En su definición más sencilla, la evangelización bíblica implica enseñar y persuadir.

1. *Evangelizar es enseñar a las personas*

Cuando escuché por primera vez el evangelio de Jesucristo, no hubo nada llamativo en la presentación. No había máquinas de humo, ni música de fondo, ni llamado al altar, solo un mandamiento de arrepentirse en un frío *mission hall* en el sur de Inglaterra. Fieles testigos me enseñaron las buenas nuevas; hombres y mujeres abrieron sus biblias y lo explicaron.

El evangelio es un mensaje con un contenido objetivo, y la gente debe comprender ese contenido si quiere acudir a Cristo para salvación. Las personas sin evangelio necesitan a alguien que les enseñe la verdad; las personas con un falso evangelio necesitan a alguien que corrija esa falsa verdad. En su raíz, la evangelización es enseñar a la gente la verdad acerca de su peligrosa condición espiritual fuera de Jesús y luego presentarles la buena noticia de que hay una manera de salir de ese peligro. Sea lo que sea que hagamos en zonas difíciles, nuestro propósito primordial debe ser enseñar a hombres, mujeres y niños el mensaje de la Biblia.

No hay atajos ni sustitutos a la hora de enseñar el evangelio. La gente como Jim necesita saber que la evangelización bíblica no es solo entregar un folleto y marcharse. Hace falta más que solo una invitación a la reunión del domingo. Ann necesita comprender que la evangelización es más que ser amable y estar en comités. Las Escrituras han de abrirse y explicarse. Gary necesita saber que los pobres necesitan maestros bíblicos más de lo que necesitan asesoramiento de sus deudas. El ministerio más popular y efectivo que tenemos en Niddrie es nuestro «Estudio sin florituras de la noche de los miércoles». Nos sentamos juntos durante un par de horas y consideramos la Biblia versículo por versículo.

2. *Evangelizar es persuadir a las personas*

En Hechos 17:2-4 leemos:

> Y Pablo, como acostumbraba, fue a ellos, y por tres días de reposo discutió con ellos, declarando y exponiendo por medio de las Escrituras, que era necesario que el Cristo padeciese, y resucitase de los muertos; y que Jesús, a quien yo os anuncio, decía él, es el Cristo. Y algunos de ellos creyeron, y se juntaron con Pablo y con Silas; y de los griegos piadosos gran número, y mujeres nobles no pocas.

La conversión es una obra del Espíritu de Dios de principio a fin, pero aun así la gente ha de ser persuadida. En nuestra enseñanza, debemos estar preparados para dar una respuesta a todo el que la pide (1 P. 3:15). Mi primer esfuerzo por persuadir fue en el cementerio de una iglesia un par de semanas después de haber sido salvo. Estaba tratando de persuadir a una amiga mía de que la vida era fugaz y que necesitábamos tomarnos en serio nuestras almas. Yo no sabía demasiado, excepto que Jesús murió en la cruz; no tenía una apologética brillante ni argumentos teológicos perspicaces. Solo sabía que Cristo era real y que algo dentro de mí había cambiado para siempre. Así que de pura frustración e ineptitud llevé a mi amiga a un cementerio, fuimos hasta la lápida más cercana y le dije que si no se arrepentía de sus pecados moriría, sería enterrada y olvidada, y luego se quemaría en el Infierno para siempre. Ella se puso de rodillas llorando, y oramos juntos.

Me alegra decirte que me he arrepentido de esa forma de persuasión. Queremos persuadir a la gente, no manipularla con miedo o promesas de cosas buenas. De todos modos, invocar al miedo al evangelizar en los programas de viviendas no funciona. La vida de la gente ya es lo suficientemente miserable. La esperanza de una vida mejor se vende bien porque es lo que la gente quiere; por eso a los tipos del evangelio de la salud y la riqueza les va tan bien allí.

Sin embargo, debemos persuadir a las personas declarando abiertamente la verdad (2 Co. 4:2), la cual es confirmada por una vida atractiva. Debemos vivir de tal manera que la gente se vea obligada a preguntarnos por nuestra fe. No podemos transformar a los pecadores; solo podemos enseñarles y persuadirles de las verdades del evangelio tal y como están reveladas en la Biblia. El resto depende de la oración y de la soberana y electiva gracia del Espíritu Santo de Dios.

LA EVANGELIZACIÓN SE ASIENTA SOBRE EL FUNDAMENTO DE LA ELECCIÓN

La evangelización es combustible para la iglesia cristiana; impulsa su crecimiento y mantiene ferviente el amor por Dios. Pero algunos sugieren que la doctrina es como un bombero que apaga esas llamas con agua. Traer la doctrina a una conversación acerca de la evangelización es como invitar a un bombero a tu hoguera. ¡Será un cortafuego!

Pero la realidad es que nuestra evangelización siempre refleja nuestras convicciones doctrinales. No puedes separar tus métodos de evangelización de las cosas que crees acerca de Dios y la salvación. Si creo que los pecadores eligen libremente a Dios, trataré de persuadirlos en consecuencia. Si creo que todo el mundo va al cielo no importa lo que crean, yo, de nuevo, me relacionaré con la gente —o no— de una manera que parte de esta suposición.

Dado que toda evangelización descansa sobre fundamentos doctrinales, debemos asentar nuestra evangelización en la comprensión bíblica acerca de la elección soberana de Dios de los pecadores para salvación. John Piper define la elección incondicional de esta manera: «La elección incondicional es la libre elección de Dios antes de la creación, no basada en la fe prevista, de aquellos traidores a los que él otorgará arrepentimiento y fe, perdonándolos y adoptándolos en su eterna y gozosa familia».[2]

Dios ha elegido y está llamando a un pueblo para sí mismo de cada lugar de la tierra. Los ricos y los pobres serán salvos por medio de Jesucristo, y él los mantendrá seguros para siempre en su familia. Lejos de matarla, esta doctrina no solo alimenta el fuego de la evangelización, sino que además la mantiene ardiendo indefinidamente.

La única manera en que las pandillas callejeras de Brasil o los inmigrantes ilegales de Virginia del Norte serán evangelizados es por medio de la predicación del evangelio de Jesús. No hay manera terrenal de persuadir a la gente a seguir a Jesús; solo Dios puede hacer esta clase de obra. Si Dios no salva soberanamente a los pecadores, todas estas personas irán al infierno. Es un gran consuelo saber que el Espíritu Santo hará su trabajo al revelar la verdad y atraer a los pecadores perdidos a una relación con Dios Padre y guardarlos en seguridad para siempre. Esta bella verdad trinitaria es todo el combustible que necesitamos para alimentar los fuegos de la predicación del evangelio.

Sinceramente, nunca perseveraría en este tipo de trabajo si no creyera que Dios *salvará* a la gente. Solía predicar en una prisión juvenil a las afueras de la selva amazónica. Era un lugar asqueroso. El calor, el hedor y el ruido eran abrumadores; los muchachos y los hombres jóvenes eran asesinos endurecidos. Y permíteme ser honesto: en ninguna de mis visitas nadie entregó su vida a Cristo. Ninguno hizo profesión de fe en Jesús. Fue desalentador y deprimente, pero no fue un derroche de tiempo. Las palabras de Pablo me alientan:

Porque a los que antes conoció, también los predestinó para que fuesen hechos conformes a la imagen de su Hijo, para que él sea el primogénito entre muchos hermanos. Y a los que predestinó, a éstos también llamó; y a los que llamó, a éstos también justificó; y a los que justificó, a éstos también glorificó. ¿Qué, pues, diremos a esto? Si Dios es por nosotros, ¿quién contra nosotros? (Ro. 8:29-31)

El hecho de que no haya visto fruto en esa prisión no significa que no lo hubiera. Es un consuelo saber que Dios está desarrollando sus maravillosos propósitos y podemos participar en su gran plan cósmico. No tengo ni idea de quiénes son sus elegidos; no es mi trabajo saberlo. Mi tarea es predicar fielmente y perseverar hasta el final. Él está trabajando en las cárceles infantiles del Amazonas y en las iglesias de Edimburgo. Él está trabajando en los parques de caravanas de Norteamérica y en los barrios pobres de la India. Ha llamado, ha justificado, y ha glorificado. Perseveramos en el conocimiento de que, debido a que Dios es soberano, nuestra labor no es en vano.

LA EVANGELIZACIÓN DEBERÍA TENER LUGAR EN EL CONTEXTO DE LA IGLESIA

En muchas comunidades evangélicas se habla bastante acerca de «la vida misional». Si esto es una manera de describir el ser intencionales en cuanto al evangelio en nuestra vida cotidiana, entonces estoy a muerte con eso. Vivir de esa manera ayudará a hacer incursiones en nuestros programas de viviendas del centro de la ciudad. Mostrará al mundo cómo es *la vida evangelizadora*.

La vida misional es una gran alternativa al «modelo atrayente» de evangelización que ha dominado el paisaje evangélico en la historia reciente. En lugar de esconder el evangelio detrás de la seguridad de nuestros edificios, tenemos la oportunidad de servir a nuestras comunidades en una amplia variedad de formas, en organizaciones voluntarias locales, en nuestras escuelas, o en la oficina. Cada vez que un servicio local cierra en Niddrie, nuestra iglesia empieza a pensar de qué maneras podemos cubrir esa brecha para construir relaciones basadas en el evangelio.

A mi juicio, la «vida misional» no se limita a mudarse a las comunidades pobres. No es solo ayudar a alguien a encontrar un albergue para personas sin hogar, o un centro de rehabilitación de drogadictos. Más bien, se trata de involucrarnos personalmente en situaciones personales caóticas. Se trata de ayudar en asuntos como el cuidado de los niños, las peleas matrimoniales o ayudar a alguien recién convertido a caminar a través de las consecuencias de sus anteriores pecados, tales como confesar los crímenes cometidos. La buena noticia es que tú no tienes por qué saberlo todo acerca de la vida en un programa de viviendas; la gente que realmente se preocupa por otros es la que verdaderamente puede ayudarles. Las personas que están dispuestas a darlo todo por Jesús son las que marcan la diferencia. Estoy convencido de que una vida normal y genuina centrada en el evangelio siempre conduce a oportunidades de compartirlo. Y entonces, cuando el evangelio de Cristo es claramente proclamado, el Espíritu Santo guiará a la gente a la salvación.

El mejor contexto para este tipo de evangelización es en la vida de una iglesia local sana y centrada en el evangelio. La iglesia equipa a los creyentes, asegurándose de que entienden el evangelio y de que tienen motivaciones bíblicas. Es el lugar en el que los creyentes oran por la difusión del evangelio, y donde reciben, bautizan y discipulan a los nuevos creyentes.

Históricamente, los programas de viviendas escoceses estaban poblados de *mission halls*, que funcionaban como pequeñas estaciones de alcance. Las iglesias enviaban voluntarios para ayudar en los clubes o para predicar de vez en cuando, pero estos *halls* no tenían una eclesiología clara. Estaban dirigidos por comités en lugar de por ancianos y no tenían una membresía real ni procedimientos disciplinarios. La evangelización era un evento al que invitaban a sus amigos o vecinos después de llamar a sus puertas: ¡ven a escuchar al orador visitante!

La batalla en los primeros días de la comunidad de Niddrie fue ayudar a la gente a ver la evangelización como una forma natural de vida y un tema de conversación diaria. Al principio, algunas personas de la iglesia no estaban contentas. Cuando dejamos de distribuir folletos, de llamar a las puertas y de cantar villancicos en la calle, fui acusado por unas cuantas voces de asesinar la evangelización. Pero cuando animé a estos mismos creyentes a que se interesaran por los lugareños, averiguaran qué preguntas estaban haciéndose, se involucraran en sus vidas y compartieran su fe naturalmente, entonces fui tratado como una especie de leproso. El problema es que la evangelización y el discipulado requieren enormes cantidades de tiempo y esfuerzo, más de lo que muchos creyentes están dispuestos a dar. Nos obliga a amar a la gente pacientemente, repasando el mismo material una y otra vez.

LA EVANGELIZACIÓN DEBERÍA TENER LUGAR EN LA VIDA COTIDIANA

En Niddrie nos hemos dado cuenta que gran parte de nuestra evangelización y discipulado se hace mientras se acompaña a alguien a casa, al supermercado o a la oficina de correos. Sucede durante una pausa para el cigarrillo de diez minutos fuera de la cafetería. Sucede en el gimnasio. Se necesita mucho más que un evento o un libro; requiere comprometerse realmente con la gente e involucrarse en el desastre de sus vidas.

¿Cuánto de nuestro cristianismo en Occidente funciona así? ¿Cuánta gente de nuestras iglesias tiene tiempo de buscar relaciones relevantes con las personas fuera de sus ocupadas agendas? Recientemente asistí a una reunión en Escocia en la que me preguntaron por qué las iglesias no son más activas en los programas de viviendas. Mi respuesta fue que había una serie de razones, el miedo probablemente entre ellas. Una persona empezó a agitarse. «Yo no estoy asustado», se quejó. «Trabajo ochenta horas a la semana. ¡Estoy demasiado ocupado!». Tristemente, parecía orgulloso de esta declaración.

La evangelización no empieza con hacer algo; empieza con quiénes somos y cómo vivimos. Debe ser tan natural para nosotros como respirar. Se trata de aprovechar las oportunidades para enseñar y persuadir a la gente de la verdad del evangelio durante el curso ordinario y las tareas mundanas de esta vida. En vez de esperar que la gente entre en la comunidad cristiana, debemos salir y comprometernos con nuestras comunidades. Nuestra política en *Niddrie Community Church* siempre ha sido no iniciar algo que nuestra comunidad ya ofrezca. Tiene más sentido que los cristianos nos unamos a los grupos ya existentes para poder dar testimonio en ellos, que esperar que los incrédulos vengan a los nuestros. Hemos visto a mucha más gente llegar a la fe adoptando este enfoque que organizando nuestros propios eventos.

UTILIZA LOS EVENTOS PARA ESTRECHAR AMISTADES Y NO SOLO PARA EVANGELIZAR

Esto no quiere decir que no organicemos eventos atrayentes. En Niddrie, nuestra iglesia organiza eventos sociales que atraen a varios cientos de personas. Tenemos concursos de canto, noches de bingo y eventos de entrega de premios, pero nunca usamos estos eventos para predicar. En lugar de eso, los usamos para consolidar amistades y asegurarnos de que nuestro edificio sea visto como un recurso de la comunidad, así como un lugar de culto. Queremos que las personas se sientan como en casa entre nosotros y no como si fueran secuestrados cada vez que entran en el local. Organizamos dos eventos principales cada año en los que sí evangelizamos a la gente: nuestra *Christmas Curry & Quiz Night*, y nuestro *Eas-*

ter Fry (un desayuno inglés completo seguido de una breve predicación del evangelio). En ambos eventos hay muy buena asistencia, casi exclusivamente de amistades gestadas durante otros eventos y en el día a día. La evangelización bíblica puede funcionar formal e informalmente. No hay necesidad de confrontar ambas cosas.

PIENSA A LARGO PLAZO

La conclusión es que el ministerio de evangelizar en los programas de viviendas es un proceso largo, a veces muy prolongado. Tomemos como ejemplo a Jack: había consumido drogas y traficado con ellas por más de dos décadas. Engañaba a su compañera de toda la vida —y a sus tres hijos— lo cual era notorio en el barrio. Tomó contacto con la iglesia a través de su hermano. Jack era fuerte, agresivo, y rechazaba casi todo lo referente a Dios y la Biblia. Llegaba a las reuniones del domingo drogado, gritando y cuestionando todo lo que se decía desde el púlpito. No escuchaba e interrumpía prácticamente en todas las reuniones. Era un desastre. Vivía una mentira, y en la total negación de lo nociva que era su vida.

Abrimos la Biblia y le enseñamos el evangelio. Respondimos a sus preguntas acerca de la fe y la vida. Tratamos de persuadirle de la verdad acerca de su peligrosa situación ante un Dios santo. A veces escuchaba y se marchaba quebrantado. Otras veces regresaba profiriendo amenazas. Pero perseveramos con él. Oramos por él y su familia. Quedábamos con él y escuchamos sus tristes historias. Fuimos honestos con él y le dijimos la verdad acerca de su vida siempre que tuvimos oportunidad. Se reunía conmigo casi a diario, pero también con otros. Se reunió con cristianos mayores que pasaban tiempo con él durante el día. Fue invitado a comer a las casas de varios miembros. Se involucró en nuestro café comunitario. Le invitamos a nuestras vidas, y Dios, por su Espíritu, abrió lentamente los ojos de Jack a la verdad del evangelio de Jesús. Un día, tras permanecer ausente durante meses, entró en la iglesia y declaró que quería entregar su vida a Cristo.

Pese al escepticismo inicial, comenzamos a discipular a Jack, y él empezó a crecer. Cambió su antigua vida y sus viejos amigos por una nueva vida con nuevos amigos. En poco tiempo su compañera vio el cambio en él, vino a la iglesia y fue salva. A los seis meses de su salvación, se bautizó y se casó con su novia de la infancia ante sus tres hijos y su familia no creyente. Todavía tiene un largo camino por recorrer, pero está avanzando en la dirección correcta.

Estamos en una maratón. No les compramos a las personas una bicicleta y esperamos que un mes más tarde ganen el Tour de Francia. Necesitamos ser pacientes y sufrientes con las personas. Tendremos que repetirnos una y otra vez. El mejor lugar para que todo esto ocurra es en una perseverante comunidad local de personas que amen el evangelio y que vivan sus vidas personal y comunitariamente con la intención de enseñar y persuadir a otros de las verdades de la Biblia.

7

EL PAPEL DE LA PREDICACIÓN

Déjame contarte acerca de un sermón que prediqué — Mike— en mi iglesia un domingo por la mañana. De vez en cuando, un predicador puede decir que ha hecho un «*home run*» con su sermón. La introducción es atractiva, la explicación textual es convincente, las ilustraciones son esclarecedoras, y la aplicación pone el peso del texto sobre la congregación. El Espíritu Santo trae una intensa quietud sobre la congregación. Tales momentos hacen que predicar sea un deleite.

Pero ese definitivamente *no* fue el tipo de sermón que prediqué ese domingo en particular. Mi sermón fue un desastre total. Estaba en la segunda mitad de una serie acerca de Jeremías. Siendo honesto, no había planificado bien la serie. Los pasajes eran muy largos. Los temas se volvieron repetitivos. Temía que los sermones no ayudaran a la congregación a comprender la estructura del libro. Más o menos a la mitad de este sermón en particular, empecé a experimentar lo opuesto al fenómeno «home run». La gente se movía y tosía. Solo los más comprometidos mantenían el contacto visual. Mis ilustraciones estaban cojas. Los puntos eran obvios y nada interesantes. En vez de un «home run», podía sentir como mis dedos perdían el agarre al bate mientras este volaba girando hacia la multitud.

Por fin, misericordiosamente, el sermón concluyó. Cantamos un himno final mientras regresaba tristemente a mi asiento, y luego nos despedimos. A medida que la gente pasaba delante de mí al salir del edificio, podía verlos esforzándose por encontrar algo que decir, algo amable pero también cierto.

Había una mujer rezagada detrás de la multitud, esperando para poder hablar conmigo. Se presentó como madre soltera proveniente de Colombia. Al parecer, un amigo le había invitado a la iglesia tras una noche de fiesta. Cuando finalmente le pregunté qué podía hacer por ella, ella soltó: «En el sermón, hablaste de seguir a Jesús. Yo quiero hacerlo. ¿Puedes explicarme más?».

Estaba aturdido. Sí, el evangelio había quedado claro en el sermón —¡al menos acerté en esto!— pero se había presentado en un sermón que distaba mucho de ser convincente. ¡Pero aquí estaba esta mujer convencida de su pecado y de su necesidad de Jesús!

Obviamente, no deseo tener el hábito de predicar sermones mal concebidos y aburridos. Pero este incidente me recordó el poder que reside en el sermón semanal de la iglesia. Al pensar en las maneras en las que una iglesia puede alcanzar a las comunidades pobres con el evangelio, debemos recordar que todas nuestras estrategias y programas no pueden reemplazar a la predicación fiel de la Biblia. De hecho, es la cosa más importante que hacemos.

PREDICA LA *BIBLIA*

El trabajo de la iglesia en lugares necesitados puede ser intimidante. Como hemos estado considerando a lo largo de este libro, los desafíos de este tipo de ministerio son numerosos y los progresos son a menudo lentos. Mientras que las estrategias y los métodos para llegar a estas comunidades podrían diferir de un lugar a otro, Mez y yo estamos convencidos de que lo que más necesitan las personas de las zonas pobres es la Palabra de Dios. Los individuos de estas comunidades pueden tener necesidad de rehabilitación de las drogas y el alcohol, educación, comida y oportunidades de trabajo, pero nada de eso es tan urgente como la necesidad que tienen de la Biblia.

Al fin y al cabo, la Biblia es el medio designado por Dios para llevar vida espiritual a las personas. Desde Dios llamando al universo a la existencia, pasando por su llamado a Abraham, hasta el «así dice el Señor» de los profetas, es la Palabra de Dios la que crea, moldea y da vida a su pueblo. No en vano Jesús viene como la Palabra encarnada, la comunicación final de Dios a su pueblo (He. 1:1-2). Y a través de la Biblia, Dios revela cómo es él, lo que ha hecho y cómo debemos responder a eso. La Palabra de Dios es el medio por el que Dios atrae a su pueblo a sí mismo (Ro. 10:17).

Admito que esto puede sonar extraño. ¿De qué sirve un libro antiguo frente a la pobreza generacional, los patrones permanentes de abuso, la adicción a las drogas y la desesperanza generalizada? No obstante, considera lo que la Biblia dice acerca del poder de la Palabra de Dios:

+ Pablo a los ancianos de Éfeso: «Y ahora, hermanos, os encomiendo a Dios, y a la palabra de su gracia, que tiene poder para sobreedificaros y daros herencia con todos los santificados» (Hch. 20:32).

+ Pablo a la iglesia en Roma: «Porque no me avergüenzo del evangelio, porque es poder de Dios para salvación a todo aquel que cree; al judío primeramente, y también al griego» (Ro. 1:16).

+ Y otra vez: «¿Cómo, pues, invocarán a aquel en el cual no han creído? ¿Y cómo creerán en aquel de quien no han oído? ¿Y cómo oirán sin haber quien les predique?... Así que la fe es por el oír, y el oír, por la palabra de Dios» (Ro. 10:14, 17).

+ El autor de Hebreos declara: «Porque la palabra de Dios es viva y eficaz, y más cortante que toda espada de dos filos; y penetra hasta partir el alma y el espíritu, las coyunturas y los tuétanos, y discierne los pensamientos y las intenciones del corazón» (He. 4:12).

Muchas iglesias nunca abordan el ministerio entre los pobres pues creen que es una pelea para la que no están preparadas. Otras se acercan a la batalla pero usan las armas equivocadas. Van con folletos y programas sociales, pero hay poco cambio de vida o fruto visible. Pero la Palabra de Dios es una espada de dos filos. Es capaz de atravesar cualquier corazón. En la Biblia es donde encontramos el mensaje del evangelio, el poder de Dios para la salvación. Si tenemos la Palabra de Dios aplicada por el Espíritu de Dios, tenemos todos los recursos que necesitamos para ministrar en cualquier comunidad.

PREDICA *TODA* LA BIBLIA

En cierto modo, lo que estamos diciendo va en contra del enfoque popular acerca de cómo enseñar la Palabra de Dios a personas con poca educación o analfabetismo bíblico. Este enfoque pretende implicar a la gente en el flujo narrativo de la Biblia, usando las historias de las Escrituras para impactar en la imaginación del oyente y remodelar su comprensión de la historia en la que viven. La idea es que la gente se siente naturalmente cautivada por los relatos, por lo que la mejor manera de explicar el mensaje bíblico es contar las pequeñas narraciones que componen la historia más amplia de la creación, la caída, la redención y la consumación. Se dice que este método es particularmente útil para las personas que no están acostumbradas a sentarse y escuchar sermones didácticos con un montón de planteamientos.

Cuando este enfoque se lleva a cabo correctamente —como con los recursos de *La Historia de Dios* producidos por Soma Communities en Tacoma, Washington—, puede ser una herramienta efectiva para compartir el evangelio e implantar la necesidad de la fe en Cristo. Cuando se hace mal —como es habitual—, modifica el mensaje de la Biblia y, por tanto, oscurece todo el evangelio y su poder. Pero este «relato del evangelio» no puede ser —y, siendo justos, sus principales defensores no están sugiriendo que debería serlo— un sustituto del mensaje de toda la Biblia. La Palabra de Dios no es menos que un relato, pero no es solamente un relato. Dios ha decidido revelarse a través de diferentes tipos de literatura. La Biblia contiene muchas historias, pero también sermones, cartas, genealogías, poemas, proverbios, reflexiones filosóficas, profecías y literatura apocalíptica. Si vas a ministrar entre los pobres, tendrás que decidir si esas comunidades necesitan conocer toda la Biblia, o tan solo las historias. ¿La gente del refugio para personas sin hogar de mi comunidad necesita los Salmos? ¿Los niños inmigrantes de la escuela secundaria necesitan el libro de Eclesiastés? ¿Los reclusos de la cárcel local necesitan conocer el contenido de la primera carta de Pedro? Sabemos cuál sería la respuesta del apóstol Pablo, pues él defendió su ministerio en Éfeso diciendo: «Por tanto, yo os protesto en el día de hoy, que estoy limpio de la sangre de todos; porque no he rehuido anunciaros todo el consejo de Dios» (Hch. 20:26-27).

Si eres una persona con preparación, tendrás que tener cuidado de no asumir que la gente sin estudios es demasiado estúpida como para entender la Biblia. Según mi experiencia, la falta de educación por lo general tiene menos que ver con la inteligencia que con los factores propios del entorno, la falta de auténticas oportunidades y las decisiones personales (inadecuadas). Pero la Biblia no se escribió para la facultad de Harvard; fue escrita para «lo vil del mundo y lo menospreciado» (1 Co. 1:28). Si bien es obvio que tenemos que evidenciar sabiduría acerca de cómo enseñar por medio de la Biblia — probablemente es mejor empezar con un evangelio que con Levítico—, debemos esforzarnos en enseñar todo el mensaje de las Escrituras (incluyendo Levítico). No debemos adaptar o reescribir la Biblia enseñando solo las partes que *nosotros* pensamos que serán útiles a los pobres.

PREDICA BIEN TODA LA BIBLIA

La gente fomenta varios modelos a la hora de comunicar el contenido de la Biblia. Algunos abogan por hacer participar a la congregación en un diálogo o contar relatos que comuniquen un tema. Pero estoy convencido de que la dieta principal de la iglesia debe ser la Palabra de Dios proclamada por un predicador. Vivimos en un mundo en el que se denigra y desconfía de la autoridad, y en un mundo así lo que más necesitan los humanos pecaminosos no es una charla amistosa entre iguales sino la proclamación de la verdad de Dios por medio de un monólogo.

Por supuesto, ha de haber oportunidades para el diálogo, las preguntas y el intercambio de puntos de vista en la globalidad de la vida de una iglesia. Sin embargo, debemos reconocer que la predicación refleja la manera en que Dios habla normalmente a su pueblo. Moisés proclamó la ley de Dios a los israelitas. Los profetas del Antiguo Testamento declararon: «Así dice el Señor». Jesús vino diciendo: «De cierto, de cierto os digo». Pedro se puso en pie en el pórtico de Salomón y confrontó a sus oyentes con las exigencias de Dios. Pero lo que no ves en las Escrituras es a Dios manteniendo una conversación de ida y vuelta con su pueblo. Son llamados a alabar al Señor en respuesta a su Palabra y a obedecer su Palabra, pero no son llamados a añadir a su Palabra ni a ofrecer sus puntos de vista acerca de su Palabra, como si ese punto de vista tuviera alguna autoridad.

Cuando un predicador se levanta, habla con la autoridad de Dios en la medida en que expone, explica y aplica fielmente la Biblia. Esto no es porque él sea inerrante y autoritativo, sino porque la Biblia lo es. En la medida en la que el predicador declare la Palabra de Dios con precisión, sus palabras son palabras de Dios, y la gente debe cerrar la boca y escuchar. No debe avergonzarse de esa autoridad o retroceder ante ella, ya que es la forma en que Dios se comunica y da vida a su pueblo. Algunas personas pueden sentirse ofendidas y pensar que la proclamación unilateral de la Palabra de Dios es un signo de arrogancia, pero es justo lo contrario: escuchar a Dios requiere humildad. El Espíritu Santo hablará para que el pueblo de Dios oiga su voz en la predicación de su Palabra (Jn. 18:37).

Fíjate en cuán seriamente habla el apóstol Pablo cuando le pide a Timoteo que predique la Palabra de Dios:

> Te encarezco delante de Dios y del Señor Jesucristo, que juzgará a los vivos y a los muertos en su manifestación y en su reino, que prediques la palabra; que instes a tiempo y fuera de tiempo; redarguye, reprende, exhorta con toda paciencia y doctrina. Porque vendrá tiempo cuando no sufrirán la sana doctrina, sino que teniendo comezón de oír, se amontonarán maestros conforme a sus propias concupiscencias, y apartarán de la verdad el oído y se volverán a las fábulas. (2 Ti. 4:1-4)

Pablo le encarga a Timoteo «predicar» a la luz del regreso inminente de Cristo y de los destinos eternos de los oyentes de Timoteo. El imperativo griego que Pablo usa transmite la idea de un heraldo que declara la voluntad de su soberano. No es una sugerencia, sino una declaración de lo que Dios ha hecho. Agrega a la predicación el mandamiento de redargüir, reprender y exhortar, y tendrás la imagen de una actividad que no tiene por objeto incluir los pensamientos y opiniones de los demás.

PREDICA *BIEN* TODA LA BIBLIA

Ahora bien, por favor, no me malinterpretes. A pesar del hecho de que la Palabra de Dios es poderosa y de que Dios puede usar incluso un sermón de baja calidad, debemos esforzarnos por predicar bien la Palabra, de una manera que conecte con las vidas y situaciones de las personas. En primer lugar, esto significa que nuestra predicación debe ser *sensible a nuestro contexto*; has de comprender debidamente a tu audiencia. Si tus oyentes son ricos, pobres, de clase media, o una mezcla de los tres, tendrás que ser consciente de cómo percibe cada uno la vida cotidiana.

Si tu iglesia está llena de gente de clase media y todas tus ilustraciones van dirigidas a ellos, las personas más pobres se sentirán menos acogidas. ¿Supones en tus ilustraciones que todos tienen acceso a una computadora? ¿Que todos han ido a la universidad? ¿Que todo el mundo viene de un hogar estable? ¿Que todo el mundo se toma unas vacaciones cada año? No hay nada malo en hablar de esas cosas pero, hazlo de una manera que muestre que tales cosas no son universales.

Un predicador debe conocer los valores culturales del lugar en el que está ministrando. Cuando tuve la alegría de predicar un domingo en *Niddrie Community Church*, comprobé que es un lugar bastante difícil. La congregación no habría respondido bien si hubiera aparecido con traje y corbata y hablado como un inglés del siglo XVII. Del mismo modo, no les habría servido de nada si hubiera actuado como un norteamericano súper emocional y hubiera tratado de ayudarles a ponerse en contacto con sus sentimientos. Sin embargo, respetaron el lenguaje sencillo y respondieron bien a los desafíos abiertos.

Segundo, la buena predicación es normalmente *expositiva*. Es decir, la buena predicación toma un pasaje de la Biblia como su principal tema y luego busca exponer el significado del texto a sus oyentes. No voy a desarrollar este punto pues ya he hablado de la importancia de enseñar la Biblia, pero creo que lo mejor es enseñar la Biblia de manera expositiva a través de todos los diferentes géneros de la Escritura. Este enfoque enseña a las personas a leer la Biblia por sí mismas. También permite que la Biblia establezca la agenda en lugar de que el maestro decida qué tema debe ser cubierto en una semana determinada. Y, honestamente, si tienes que cruzar una barrera cultural para trabajar entre los pobres —como lo hago yo cuando trabajo con los latinoamericanos de mi vecindario—, posiblemente no tengas una comprensión completa de lo que tus oyentes necesitan en términos de este mundo. Sabes que necesitan la Biblia, así que, es mejor simplemente predicar la Palabra de Dios enseñándola de manera expositiva.

En tercer lugar, la buena predicación es *práctica*. La predicación expositiva debe distar mucho de la imagen estereotipada —aunque a veces precisa— de la árida y seca conferencia acerca de aspectos oscuros de la doctrina. No es suficiente con tan solo explicar lo que dice la Biblia; esta debe ser llevada sobre las tentaciones y desafíos personales y falsas creencias que plagan a la congregación. La buena predicación apunta a un cambio de vida, por lo que el predicador tiene que ayudar a mostrar un puente entre el texto antiguo y el mundo actual (tomando prestada la imagen verbal a John Stott[1]). Si vas a enseñar la Biblia en una comunidad pobre, necesitarás aplicar la Palabra de Dios a la vida de las personas con oración y reflexión.

¿QUÉ TIPO DE IGLESIA QUIERES SER?

No pretendo presentarte un acercamiento al ministerio del tipo «si predicas, vendrán». La predicación no puede ser lo único en tu agenda. Si no hay gente, entonces nadie va a escucharte predicar. La predicación expositiva por sí sola no establecerá una iglesia en una comunidad en la que no haya ninguna. Primero, necesitarás hombres y mujeres dispuestos a invertir mucho tiempo y energías en compartir el evangelio y sus propias vidas con la gente de la comunidad. Después de que Dios —¡esperemos!— salve a la gente y la convoque para ser una iglesia, entonces la predicación desempeñará un papel importante en el discipulado de los creyentes y en la evangelización de la comunidad.

Pero si esperas revitalizar o plantar una iglesia en una comunidad pobre, debes reconocer la prioridad de la predicación. Es a través de la proclamación de la Palabra de Dios que la iglesia será edificada. Si no eres un predicador, pero quieres ser parte de un equipo de personas que esté plantando una iglesia entre los pobres, entonces asegúrate de que estás trabajando para ver eso establecido. Mientras ayudas a dar forma a la iglesia que está siendo plantada, mantén la predicación de la Palabra de Dios a la vanguardia de tus expectativas. Ese es el tipo de iglesia que debéis ser.

8

LA IMPORTANCIA DE LA MEMBRESÍA Y LA DISCIPLINA

Me imagino que cuando abriste este libro, no te esperabas un capítulo acerca de la membresía y la disciplina en la iglesia. Creo —Mike— que nunca he estado en una conferencia en la que se recomendara practicar una membresía significativa de la iglesia y la disciplina para las iglesias en comunidades pobres. ¿O has visto alguna vez un post en un blog en el que se diga que si tu iglesia quiere alcanzar a los necesitados, has de hacer una lista de miembros? Es posible que no.

Ya hemos argumentado que las comunidades pobres necesitan congregaciones locales fuertes (en vez de más ministerios paraeclesiales). Pero esto es crucial: Mez y yo estamos convencidos de que practicar una membresía significativa y la disciplina en la iglesia son vitales para la salud y los frutos de una congregación.

Contrario a lo que sus críticos puedan decir, la práctica de la membresía de la iglesia no es un caduco «modelo empresarial» de mediados del siglo veinte para la vida de la iglesia. Más bien, la Biblia ofrece un argumento muy convincente en cuanto a que las iglesias deben tener claro quién está dentro de la iglesia y quién está fuera. En este capítulo, quisiera exponer esto en relación a la membresía de la iglesia y luego hacer algunos comentarios acerca de las maneras en las que una membresía significativa y la disciplina afectan al ministerio en las comunidades necesitadas.

QUIÉN ESTÁ DENTRO Y QUIÉN ESTÁ FUERA

Una manera de describir la gran historia de la Biblia es decir que es la historia del amor de Dios por su pueblo y la de su ira contra sus enemigos. Hay una gran diferencia entre ser amigo de Dios y enemigo de Dios. No es sorprendente, por tanto, que Dios haga en toda la Biblia una clara distinción entre los que son su pueblo y los que no lo son; desde la creación hasta la consumación.

Primeramente, en el jardín del Edén, el pueblo de Dios vivió en comunión con él. Tras la rebelión de Adán y Eva, él anuló la comunión inmediata con ellos y los expulsó del jardín, puso un perímetro a su alrededor y colocó una guardia angelical para mantener a los humanos fuera de aquel lugar. Mientras se mantuvieron justos, estaban «dentro»; al pecar, estaban «fuera».

Dios, entonces, se le apareció a Abraham en Génesis 12 y en su gracia hizo la promesa de crear mediante sus descendientes un pueblo nuevo que pertenecería al Señor, una nueva raza de aquellos que «estarían dentro». Reafirmó esta promesa en el capítulo 17: «Y estableceré mi pacto entre mí y ti, y tu descendencia después de ti en sus generaciones, por pacto perpetuo, para ser tu Dios, y el de tu descendencia después de ti... y seré el Dios de ellos» (Gn. 17:7-8). Esta fue una promesa que mostraba que se mantendría una relación entre los descendientes de Abraham y el Señor, la cual era distinta a la relación que tendría el Señor con el resto de seres humanos. Habría dos tipos de personas: los que son «el pueblo de Dios» y los que no lo son. Una promesa anterior a Abraham dejó esta separación aún más clara: «Bendeciré a los que te bendijeren, y a los que te maldijeren maldeciré» (Gn. 12:3).

Para hacer que esta realidad espiritual se hiciera evidente en el sentido físico, Dios le dio a Abraham la señal de la circuncisión como un rito de iniciación e inclusión, una entrada que significaba pertenencia al pueblo de Dios. Tan significativa fue esta marca que los individuos de las naciones extranjeras podrían llegar a ser parte del pueblo de Dios mediante la base de la circuncisión (Gn. 17:27), y los descendientes físicos de Abraham podían ser cortados del pueblo de Dios por negarse a ella. Dios proveía así una clara línea distintiva: los circuncisos estaban dentro; todos los demás estaban fuera.

La ley levítica estableció y codificó esta marca distintiva. Además sirvió para que los descendientes de Abraham se separaran del resto del mundo. Dios quería que su pueblo fuera puro y santo, distinto en todo, desde sus vestimentas hasta su comida y su adoración. Ahora había otro rasgo distintivo entre el pueblo de Dios y sus enemigos: los que guardaban la ley estaban dentro; todos los demás estaban fuera.

Esta es la razón por la que Moisés —y más tarde, Josué— dijo repetidamente a la nación de Israel que permaneciera separada y pura al tomar posesión de la tierra de Canaán. Así como debían vivir dentro de los límites físicos de la tierra prometida, también debían vivir dentro de los límites espirituales de la ley levítica y su código de santidad. Josué advirtió:

> Guardad, pues, con diligencia vuestras almas, para que améis a Jehová vuestro Dios. Porque si os apartareis, y os uniereis a lo que resta de estas naciones que han quedado con vosotros, y si concertareis con ellas matrimonios, mezclándoos con ellas, y ellas con vosotros, sabed que Jehová vuestro Dios no arrojará más a estas naciones delante de vosotros, sino que os serán por lazo, por tropiezo, por azote para vuestros costados y por espinas para vuestros ojos, hasta que perezcáis de esta buena tierra que Jehová vuestro Dios os ha dado. (Jos. 23: 11-13)

En muchos sentidos, la historia de Israel es la historia de su fracaso en mantener esta distinción. Comenzando con el libro de los Jueces, las historias del Antiguo Testamento relatan cómo la idolatría y los matrimonios mixtos hicieron que los israelitas llegaran a ser indistinguibles de las naciones circundantes. En relación con estos vecinos, ser israelita significaba cada vez menos. En el tiempo del exilio, solo un remanente permaneció fiel. Como Israel vivía y adoraba como una nación pagana, Dios los envió a vivir entre las naciones paganas. Ya que las fronteras espirituales habían desaparecido, él eliminó las fronteras físicas. Ya no estaba claro quiénes estaban dentro y quiénes fuera.

Cuando nos fijamos en el Nuevo Testamento, encontramos que Dios envió a su Hijo para crear un pueblo nuevo para sí mismo, la Iglesia. Ahora bien, tanto los judíos como los gentiles, por causa de la obra de Cristo, son invitados a ser parte del pueblo de Dios por medio de la fe. Aquellos que *antes no eran pueblo ahora son pueblo de Dios* (1 P. 2:10). Antes estaban fuera; ahora estaban dentro.

En vez de por la circuncisión física o el componente étnico, los seguidores de Cristo se identifican con el pueblo de Dios a través del bautismo (Hch. 2:41). Este simboliza su identificación con el Cristo crucificado y resucitado. Tal y como Pablo escribió: «¿O no sabéis que todos los que hemos sido bautizados en Cristo Jesús, hemos sido bautizados en su muerte? Porque somos sepultados juntamente con él para muerte por el bautismo, a fin de que como Cristo resucitó de los muertos por la gloria del Padre, así también nosotros andemos en vida nueva» (Ro. 6:3-4).

La venida de Cristo y su obra consumada en la cruz crearon ciertas discontinuidades entre el pueblo de Dios del Antiguo y del Nuevo Testamento. El Israel del Antiguo Testamento era una comunidad mixta, compuesta por descendientes físicos y espirituales de Abraham (Ro. 9:6-8). Sin embargo, el Señor prometió a través del profeta Jeremías un nuevo pacto «no como el pacto que hice con sus padres», sino un pacto en el que «todos me conocerán, desde el más pequeño de ellos hasta el más grande» (Jer. 31:31-34). El cuerpo de Cristo está destinado exclusivamente a aquellos que, por fe, se han unido a él. En palabras de la profecía, todos conocen al Señor.

Este elemento de discontinuidad entre el Antiguo y el Nuevo Testamento será significativo cuando consideremos exactamente quién está dentro y quién está fuera, cuando nos referimos al pueblo de Dios del Nuevo Testamento. Pero debemos observar la continuidad entre el pueblo de Dios en ambos testamentos: Dios *continúa* haciendo una distinción entre los que están en el interior y los que están en el exterior. Están los que han sido bautizados en Jesús, y están todos los demás. Jesús incluso comparó la iglesia con un redil para ovejas del cual él es la puerta (Jn. 10:7). Y un redil tiene un cercado. Jesús también dijo que conoce a sus ovejas y que sus ovejas lo conocen a él (versículo 14).

Este patrón de inclusión y exclusión llegará a su desenlace en la consumación de la historia. Al final de los tiempos, Dios hará una separación final y clara. En ese día solemne toda la humanidad verá claramente quién habita entre el pueblo de Dios y quién no. Las ovejas serán separadas de las cabras (Mt. 25:31-33). Aquellos cuyos nombres se encuentren escritos en el libro de la vida del Cordero serán introducidos en la gloria, mientras que aquellos cuyos nombres no estén escritos en el libro serán expulsados (Ap. 21:27).

LA MEMBRESÍA EN LA IGLESIA DEL NUEVO TESTAMENTO

Cuando observamos cuidadosamente los datos que aporta el Nuevo Testamento, nos queda claro que la Iglesia cristiana primitiva practicó la membresía de forma significativa. Aunque ninguno de estos pasajes es abrumador en sí mismo, tomados en conjunto forman un argumento sustancial. Veamos cinco lugares del Nuevo Testamento que apuntan hacia la práctica de la membresía en la Iglesia primitiva.

1. Los reacios a «unirse» a la iglesia

En Hechos 5:12-13 se nos dice: «Y por la mano de los apóstoles se hacían muchas señales y prodigios en el pueblo; y estaban todos unánimes en el pórtico de Salomón. De los demás, ninguno se atrevía a juntarse con ellos; mas el pueblo los alababa grandemente».

El miedo hizo mella tanto en los creyentes de la iglesia como en los incrédulos que oyeron de las circunstancias que rodearon la muerte de Ananías y Safira.

La ansiedad era tal que muchos no se atrevían a «unirse» a la iglesia, presumiblemente por miedo a sufrir un destino similar.

La palabra griega traducida como «unirse» significa «unirse estrechamente», «unirse juntamente con», y «unificar». Esta misma palabra aparece en 1 Corintios 6:17 para referirse a la unión entre un creyente y Cristo. Al menos, el uso de la palabra «unirse» en Hechos 5:13 se refiere a algo más que *aparecer casualmente*, como tú y yo podríamos referirnos a «unirse a la cena para los postres». La palabra indica la existencia de algún tipo de conexión formal, algo así como unirse a un club.

2. La lista de las viudas

En 1 Timoteo 5:9-12, Pablo le da a Timoteo una serie de instrucciones para inscribir a las viudas en la lista de los que reciben ayuda de parte de la iglesia. Escribe: «Sea puesta en la lista sólo la viuda no menor de sesenta años, que haya sido esposa de un solo marido, que tenga testimonio de buenas obras... Pero viudas más jóvenes no admitas...».

El verbo traducido «admitas» puede ser tanto específico —«poner en una lista»— como general («considerar como parte de cierto grupo»). El primer significado mostraría claramente que la iglesia tenía una lista accesible de viudas que eran miembros. Sin embargo, incluso el segundo significado mostraría que la iglesia estaba distinguiendo consistentemente entre las personas en la práctica de la membresía de la iglesia.

¿Por qué menciono la lista de las viudas? Es difícil pensar que la iglesia tenga una lista de viudas, pero no una lista de miembros. Si no tuviera esta última, ¿qué grupo de viudas sería considerado para su inclusión en la primera lista? ¿Viudas de toda la ciudad de Éfeso? ¿La viuda que pasaba de vez en cuando por la iglesia hace algunos años? Por supuesto que no; la iglesia tendría un listado específico sobre el que trabajar.

3. La reprensión hecha por muchos

En 2 Corintios 2:6, Pablo se refiere a la disciplina que la iglesia infligió a cierto individuo como la «reprensión hecha por muchos». Consideraremos la disciplina en la iglesia en breve, pero por ahora vale la pena observar que la existencia de «muchos» (traducido como «mayoría» en algunas versiones), significa que había un conjunto definido de personas del cual hubo una mayoría. No puede haber una mayoría de un grupo no especificado; debe de ser una mayoría de *algo*.

¿Fue la mayoría de personas que estuvo presente el día de la votación? ¿Podían votar los que no eran cristianos entonces? ¿Podía votar algún cristiano de otra ciudad que estuviera de visita y no conociera la situación? La suposición más natural es que Pablo se refería a una mayoría de la membresía reconocida de la iglesia.

4. Rendición de cuentas a los líderes

El Nuevo Testamento advierte a los líderes de la iglesia que deben cumplir con su responsabilidad de supervisarla diligentemente. En Hechos 20:28, Pablo instruye a los ancianos de Éfeso diciendo, «mirad por vosotros, y por *todo el rebaño*». En Hebreos 13:17, se dice a la iglesia que respete a los ancianos ya que estos «velan por vuestras almas, como quienes han de dar cuenta».

¿Quién constituye el rebaño que supervisan los ancianos? ¿Por quiénes deben dar cuenta los líderes de la iglesia? ¿Por los ciudadanos de su ciudad? ¿Por cualquiera que asista a su iglesia? Por supuesto que no. Deben rendir cuentas por los miembros de la iglesia, aquellos que están comprometidos a estar bajo el cuidado de los líderes. Los líderes de la iglesia no pueden trabajar correctamente sin la membresía de la iglesia.

5. Metáforas para la iglesia

El Nuevo Testamento utiliza varias metáforas para describir a la congregación local. Hemos visto en Hechos 20:28 que la iglesia es descrita como un rebaño. En 1 Corintios 12:12 se la compara con un cuerpo. En 1 Pedro 2:5 la iglesia es representada como un edificio.

Cada una de estas metáforas muestra una relación obvia entre el individuo y la congregación como un todo. El cristiano individual es un miembro del cuerpo y una oveja del rebaño. El creyente individual es, en palabras de Pedro, «una piedra viva» en la casa espiritual.

Cada una de estas imágenes verbales, tan vitales para nuestra comprensión de la iglesia, exige más que un compromiso puntual por parte del individuo. No hay piedras informalmente conectadas en un edificio. Se unen sin ambigüedad. Las ovejas no saltan de rebaño en rebaño; el pastor sabe exactamente cuántas ovejas tiene a su cuidado. Las partes del cuerpo no se relacionan entre sí informalmente; están intrincadamente conectadas entre sí y son mutuamente dependientes. Indudablemente, reflejamos mejor estas metáforas cuando nos unimos formalmente a una congregación local.

Entre otras evidencias, estos cinco ejemplos sugieren que la participación en la vida del cuerpo de la iglesia no era fortuita ni fácil de disolver. Era una relación en la que uno entraba (uniéndose) y que incluía responsabilidades (implicaba disciplina, sometiéndose al liderazgo) y privilegios (apoyo para las viudas, inclusión en el pueblo de Dios). Es difícil imaginar cómo esto fue posible sin un claro entendimiento de la membresía de la iglesia.

POR QUÉ LAS COMUNIDADES POBRES NECESITAN LA MEMBRESÍA DE LA IGLESIA

Espero que te hayas convencido de que la descripción que hace la Biblia acerca de la vida de la iglesia requiere un entendimiento claro y definido de quién pertenece a la congregación. Sin embargo, quisiera llevar el argumento un paso más allá: la membresía no solo es bíblica —lo cual, si eres cristiano, es razón suficiente para ponerla en práctica— sino que también es útil para crear el tipo de congregaciones saludables capaces de alcanzar a las comunidades pobres (véase el capítulo 5).

1. La membresía previene contra el «síndrome de segunda clase»

En una iglesia puede desarrollarse fácilmente un sutil sistema de castas. La gente con dinero o educación puede ser tentada a mirar por encima del hombro y marginar a los creyentes más pobres (véase Stg. 2:1-6). Si una iglesia desea ver a gente de lugares necesitados venir a Cristo, entonces deben estar seguros de que esas personas son cien por cien bienvenidas a la vida de la congregación.

Una membresía significativa tiene un maravilloso «efecto nivelador» en la iglesia. La membresía de la iglesia deja claro que todos los cristianos en conjunto tienen el mismo estatus ante Dios; somos tan solo miembros del cuerpo de Cristo. Una congregación que quiera llegar a una comunidad pobre debe entender esta verdad bíblica. Cuando las personas de las comunidades necesitadas vienen a Cristo, deben ser bautizadas e incluidas en la membresía de la iglesia. Esto deja claro que son completamente aceptadas y que cooperan plenamente con todas las partes del cuerpo.

2. La membresía fomenta la rendición de cuentas y la unidad

Establecer la membresía de la iglesia aumenta la rendición de cuentas entre la congregación, y entre la congregación y su liderazgo. La membresía requiere compromiso, y aclara en términos bíblicos lo que significa ser parte de la iglesia.

Cuando las personas se convierten en miembros de la congregación, están prometiendo amar, cuidar, orar y rendir cuentas ante el resto de personas de la iglesia. Esto significa que todos los miembros de la iglesia —ricos, de clase media y pobres— están llamados a amarse los unos a los otros. En nuestra congregación, no solo queremos que las personas sin hogar y los inmigrantes vayan a Cristo; también queremos que lleguen a ser miembros plenamente integrados en la iglesia.

3. *La membresía —incluyendo la disciplina— deja claro que alguien es creyente*

En 1 Corintios 5, Pablo instruye a la iglesia acerca de cómo tratar con un hombre que vive en pecado abierto y escandaloso. Por causa de la salud de la misma, se le dice a la congregación que ejerza disciplina eclesial hacia este hombre haciendo que «sea entregado a Satanás». En el versículo 2, les dice que en vez de dejar que este hombre permaneciera en la congregación, «fuese quitado de en medio» de ellos. Hay unas cuantas cosas que podemos advertir en este pasaje.

En primer lugar, el castigo es descrito en el versículo 2 como «quitar» a este hombre «de en medio de vosotros». El resultado de la disciplina de la iglesia es sacar al pecador de la congregación. Esto implica necesariamente la existencia de una membresía formal. ¿De qué otra manera alguien podría ser «quitado» si no perteneciera a la iglesia en un sentido formal? Permíteme ilustrar esto. No puedo ser eliminado de la *Northern California Left Handed Golfer's Association (NCLHGA)* porque nunca he sido miembro de tal organización. Sin embargo, según su sitio web, la NCLHGA *expulsará* a la gente de su membresía por varias razones (¿por ser diestro, tal vez?). No obstante, yo no estoy en peligro de ser sometido a tal acción porque, para empezar, no se puede expulsar a una persona que nunca fue miembro.

Segundo, la disciplina de la iglesia debe llevarse a cabo cuando los miembros están «reunidos [todos juntos]» (v. 4). Para nuestros propósitos, simplemente ten en cuenta que hubo una asamblea definida y formal de la iglesia, y que todos ellos sabían quién se esperaba que estuviera allí cuando la congregación se reuniera. Una vez más, esto implica claramente una membresía significativa en el seno de la iglesia.

Tercero, Pablo dice que la iglesia debe disciplinar solamente a los de «dentro» de la iglesia (v. 12). El apóstol no está diciendo a la iglesia que controle al mundo y su moralidad. Obviamente, la iglesia sabía quién estaba dentro y quién estaba fuera. La disciplina eclesial apropiada es imposible sin una membresía definida.

En cuarto lugar, la disciplina de la iglesia es para el bien de la iglesia, pero también para beneficio de la persona que está siendo disciplinada (v. 5). Pablo insiste en que la iglesia deje a la persona inmoral fuera de la membresía de la congregación para que su alma, al final, pueda ser salva. Podríamos pensar en la disciplina de la iglesia como algo desagradable y áspero, pero el apóstol tenía claro que era un acto de amor hacia el pecador. Cuando una persona está en buena situación en su congregación, posee seguridad de salvación; una autoridad externa ha examinado su profesión de fe y ha dado su visto bueno.

Pero cuando una iglesia elimina esa confirmación por medio de la disciplina eclesial, la acción funciona como una llamada de atención a la persona que vive en pecado. Su profesión de fe es puesta en duda debido a su negativa a arrepentirse del pecado, y la persona en cuestión debe afrontar la realidad de que su alma está en peligro. Obviamente, no todos los que son expulsados de la iglesia finalmente se arrepienten y regresan pero, a veces, por la gracia de Dios, lo hacen, como en el caso de Rab (capítulo 5).

Quinto, la disciplina de la iglesia muestra al mundo como debe ser un cristiano. La inmoralidad del hombre de Corinto era del tipo que escandalizaría incluso a los paganos de la ciudad (v. 1). Si la iglesia no hacía nada, el mundo que observaba concluiría que los cristianos eran unos pervertidos de la peor especie. Pero al «quitar» al hombre de en medio de la iglesia, la congregación dejó muy claro al mundo que el pecado tiene consecuencias y que las personas inmorales e impenitentes no son verdaderos cristianos.

4. El alcance evangelizador de la iglesia depende de su carácter distintivo

Los cristianos hoy en día a menudo piensan que nuestro poder evangelizador depende de mostrar al mundo como nos parecemos a ellos. Sin embargo, el reto para las iglesias en la actualidad es el mismo que ha existido al menos desde que el antiguo Israel fue tentado a adorar a los dioses de las naciones, siendo distintos. ¿De qué sirve la sal si pierde su salinidad? Es mejor que la tires. ¿O de qué sirve una luz debajo de un cuenco? Es la singularidad de nuestras vidas lo que ofrece al mundo algo por lo que alabar a Dios (Mt. 5:13-16, véase también 1 P. 2:9-12).

Las prácticas saludables como la membresía y la disciplina juegan un papel crucial en cultivar y proteger la singularidad de una iglesia. No son la *causa* principal de esas vidas cambiadas. La Palabra predicada lo es. Pero la práctica tanto de la membresía como de la disciplina protege esas vidas, las definen y las exhiben. ¿Cuán esperanzador crees que es que en una comunidad difícil la gente vea una avanzada del reino de Cristo? ¿Y que la gente del lugar vea a un grupo sobrenaturalmente cambiado y en proceso de cambio?

Por otro lado, ¿cuánto daño al testimonio evangelizador de la iglesia se ha hecho en Occidente a causa de los muchos miembros que viven como el mundo —1 Co. 5— y ni sus líderes ni las congregaciones locales les confrontan?

PONIÉNDOLO EN PRÁCTICA

Trabajar con personas necesitadas significa entrar en vidas que a menudo están desordenadas. Por supuesto, las personas que no son pobres también tienen ese tipo de vidas, pero la pobreza agrava los problemas y, a menudo, hace que afloren una serie de pecados que hacen la vida muy complicada. Esto significa que la membresía de la iglesia acarreará algunas situaciones complicadas:

+ ¿Puede ser miembro alguien que esté ilegalmente en el país? ¿Cuánto debe saber la iglesia acerca del estatus migratorio de una persona en proceso de membresía?
+ ¿Puede ser miembro alguien a quien se le ha prescrito metadona?
+ ¿Y si alguien viene a Cristo tras dos décadas de vivir con la misma persona? ¿En qué plazo deben casarse? ¿Qué pasa

si hay hijos implicados? ¿Qué ocurre si cada uno de ellos está casado con otra persona en su país de origen, pero no han tenido contacto con sus cónyuges en décadas?

No podemos esperar a que la gente haya limpiado por completo sus vidas antes de admitirlos en la membresía de la iglesia, pero debemos ser capaces de afirmar profesiones creíbles de arrepentimiento y fe. Un hombre que vive con su novia tendrá que mudarse. Un narcotraficante tendrá que renunciar a su «negocio». Pero no hemos de requerir la perfección a las personas que se unan a nuestras iglesias. Requerimos que luchen contra el pecado; que se arrepientan.

Para poner en orden esta clase de asuntos, los ancianos de nuestras iglesias entrevistamos a los candidatos a la membresía, les explicamos nuestra confesión de fe, hablamos de sus responsabilidades como miembros y de las nuestras como líderes, y nos aseguramos de que tienen un claro entendimiento del evangelio y de lo que significa vivir una vida de piadosa obediencia. Proporcionamos el testimonio del candidato a la congregación, una semana o dos antes de nuestras reuniones congregacionales, y animamos a los miembros de la iglesia a presentar cualquier inquietud o pregunta acerca de la persona.

Los elementos de este proceso son cautelares. Pero nuestro objetivo en estos procedimientos es pastorear a todos los que se unen a la iglesia para que (1) vean la seriedad de la afirmación de estar siguiendo a Jesús; (2) comprendan la importancia de la familia de la iglesia; (3) se sometan al liderazgo piadoso y a la rendición de cuentas; y (4) vean la diferencia entre la iglesia y el mundo, y sepan de quiénes son responsables como miembros y compañeros. Pero mantener una clara división entre la iglesia y el mundo ayuda no solo a los que están dentro de la iglesia, sino que también a los que están fuera. En la iglesia de Mez hubo una vez un hombre que asistía y que afirmaba ser cristiano, pero a la vez estaba traficando con drogas, vendiendo películas pornográficas y manteniendo relaciones sexuales con hombres y mujeres de la población. Por la calle la gente hablaba con Mez acerca de este individuo, lo cual permitía a Mez informar acerca de su cuidado y amor por ese hombre, al mismo tiempo que explicaba que solo asistía a la iglesia pero no era miembro. Las conversaciones con estos «ciudadanos preocupados» continuaron. Mez podía así explicar *por qué* este hombre no era un miembro de la iglesia y lo que significaba la pertenencia a esta. En resumen, mantener claras las líneas de pertenencia a la membresía permitió a *Niddrie Community Church* abrir sus puertas a este hombre, pero no avalar su fe y decirle al mundo que pertenecía a Jesús. Tener una visión clara de la membresía, en resumen, ayudó a asegurar que el testimonio de la iglesia en la localidad no se viera empañado por un mero asistente, al mismo tiempo que también demostrara su amor por un hombre como este.

Administrar la disciplina de la iglesia consigue todo esto también. Un interno de la iglesia dejó embarazada a una mujer de la localidad, lo cual generó muchas habladurías en la comunidad. La disciplina de parte de la iglesia hacia este hombre asombró a la comunidad entera; ¡para bien! Otro proceso de excomunión hizo que la mayoría de la familia de la persona en cuestión fuera evangelizada. Aplaudieron la posición firme de la iglesia, reforzando nuestra credibilidad a sus ojos.

CONCLUSIÓN

La membresía de la iglesia pudiera llegar a parecer un lujo que las iglesias misionales no pueden permitirse. Quizá evoque imágenes de congregaciones cerradas y quisquillosas, más interesadas en cultivar sus propios jardines que en llevar el evangelio al mundo. Y tal vez algunas iglesias han caído en este error. Pero no tiremos la fruta sana junto con la podrida. No se puede difuminar la línea entre la iglesia y el mundo o emparejar la luz y la oscuridad (véase 2 Co. 6:14-7:1). Las poblaciones pobres no necesitan otro «centro comunitario» que albergue varios proyectos y talleres acerca de «cómo ayudar al vecindario» o «cómo ser padres responsables». Necesitan avanzadas del reino de Cristo que sean inconfundibles como la sal y brillantes como faros en una colina.

PARTE 3

LA OBRA EN LUGARES DIFÍCILES

9

PREPÁRATE

Pastores, estudiantes de seminarios y futuros plantadores de iglesias me hacen —Mez— las mismas preguntas acerca de mi ministerio en Niddrie. ¿Cómo podemos alcanzar a un barrio pobre próximo a nuestra congregación? ¿Debemos plantar una nueva iglesia o tratar de revitalizar una obra ya existente? ¿Cómo sé que estoy hecho para este tipo de ministerio? ¿Deberíamos mudarnos a una zona pobre o no?

No tenemos tiempo para responder a todas las preguntas en este capítulo, pero he aquí algunas de las lecciones más importantes que he aprendido por el camino.

1. RECONOCE LA DURA REALIDAD

Justo antes de llegar a Niddrie en 2007, alguien me envió una copia de *The Scotsman*, un periódico nacional que publicaba el siguiente titular acerca de la iglesia que iba a pastorear: «Nueva iglesia se ve obligada a fortificarse tras el ataque de unos vándalos». El artículo empezaba así:

> Una iglesia construida enteramente con donaciones de una congregación de New Town se ha visto obligada a gastar 10.000 £ en «fortificaciones» después de haber sido asediada por unos vándalos que causaron daños calculados en miles de libras. Los miembros de *Charlotte Baptist Chapel* de Rose Street prometieron más de 700.000 £ para que se construyera una nueva iglesia comunitaria en Niddrie. Pero a las pocas semanas de que la nueva iglesia y su sala comunitaria fueran terminadas, ya habían sido arrasadas varias veces, dejando las ventanas y las tuberías de la calefacción central destrozadas.[1]

Acababa de llegar de trabajar con pandillas callejeras en Brasil, así que no era ignorante en cuanto a las duras realidades del ministerio en las ciudades. Pero Escocia es muy diferente a Brasil. A pesar de la violencia y la pobreza, los sudamericanos aún tenían un temor de Dios y un respeto por la iglesia. Cuando llegué a Niddrie, inmediatamente me quedó claro que al mismo tiempo que creían en Dios de boquilla, no tenían ningún respeto por esta iglesia y todavía menos interés por mis credenciales ministeriales.

El edificio de la iglesia que heredé se encontraba permanentemente bajo el asedio de niños y jóvenes locales. A menudo rompían nuestras ventanas, incendiaban los coches, y los miembros eran agredidos en la calle. Lo peor de todo era que este abuso había sido perpetrado durante años ya que, destrozar el edificio, era prácticamente un rito de iniciación intergeneracional para la juventud local. Los cristianos dentro del edificio, la mayoría de los cuales vivían fuera de la comunidad y tenían que desplazarse hasta la iglesia, eran blancos fáciles.

El pequeño grupo de creyentes que heredé era bienintencionado, concienzudo, y tenía verdadero amor por Niddrie. El problema era que estaban intentando detener décadas de declive permaneciendo culturalmente al margen del programa de viviendas. Su único contacto con la comunidad eran las reuniones dominicales, la extraña campaña de repartir panfletos o las visitas de puerta en puerta. Incluso la forma en que se organizaban y eran dirigidos los cultos, estaba calibrada para la cultura de clase alta de una iglesia del centro de la ciudad, no para una iglesia de una comunidad pobre.

Cuando la iglesia se puso a buscar un pastor, querían a un hombre que viniera y continuara haciendo lo que siempre habían hecho. Sobra decir que los primeros meses fueron particularmente difíciles para mí. Los miembros de la iglesia estaban preocupados por mis métodos. Un día recibí el correo electrónico de un miembro descontento que me reprendió por eliminar los cuarenta y siete diferentes tipos de tratados evangelísticos de la zona de la cafetería (en realidad, era el segundo correo electrónico de este tipo). Por lo visto estaba matando la evangelización. Casi simultáneamente, llegó otro correo electrónico en el que el remitente quería saber por qué no estaba animando al coro de la iglesia a salir a las calles para cantar villancicos en Navidad. Más aun, otro miembro quiso saber si iba a ponerme dramático desde el púlpito porque, de ser así, se marcharía.

La comunidad de Niddrie en la que estábamos ubicados, por otro lado, tenía una serie completamente distinta de preocupaciones. El día antes de recibir esos correos electrónicos, pasé unas horas con un joven que había sido violado de niño por sus tíos y ahora se vendía a sí mismo en la ciudad por sexo para poder pagar su adicción al crack. A otra mujer le habían cortado su suministro de electricidad por falta de pago. Por la noche unos niños de la localidad habían robado todas las cañerías de la iglesia y destrozado las escaleras de entrada con palos de golf.

En resumen, había una completa desconexión entre las personas que se reunían en el edificio de la iglesia y las vidas fuera de este.

Mientras me sentaba allí en esa fría mañana de invierno, me preguntaba si y cómo iba a ser capaz de dar un giro a la iglesia. Cuando planté una iglesia en Brasil, lo había hecho desde cero. Así que fue fácil infundir un ADN del evangelio a la iglesia. Pero este era un partido completamente distinto. ¿Cómo iba a juntar estos dos mundos? Honestamente, en aquel momento estuve a punto de largarme. Al final me quedé y admití el hecho de que iba a ser difícil. Las iglesias que existen en las áreas pobres están muriendo por una serie de razones, y todas ellas son complicadas. La plantación y la revitalización son un trabajo muy duro. No hay nada remotamente romántico en este tipo de obra. ¡En absoluto!

2. COMPRENDE TU MOTIVACIÓN

Los visitantes que a menudo vienen a *Niddrie Community Church*, lo hacen motivados por el ministerio, y luego dicen algo como, «Estoy verdaderamente llamado para este trabajo. Me encantaría volver y servir». Me siento obligado a animar a estas personas a pensar en su motivación. Tan solo tener un apego emocional a la obra no es suficiente. Por supuesto, estas personas aman a Jesús, sin embargo, a las pocas semanas de regresar a casa, los sentimientos suelen desaparecer y vuelven a su vida cotidiana. La Biblia nos advierte de que las personas religiosas a veces tienen motivaciones erróneas (Mt. 6:1-6; Mr. 9:34; 12:38-40).

Tuvimos el mismo problema en Brasil. Los obreros llegaban y se iban en cuestión de meses, quemados por la abrumadora intensidad del ministerio. Lo que parece glamoroso en una presentación conmovedora de un *mission hall*, o lo que suena fascinante en las páginas de un libro, es un poco decepcionante en relación con la vida real. Empezar un ministerio movido por la fuerza de los sentimientos personales o por alguna idea romántica de amor a los pobres es una invitación al desastre en tu vida. Tener inclinación por las personas y amar a los oprimidos es necesario, sí, pero no es suficiente para salir al paso de las dificultades diarias que se afrontan sobre el terreno.

¿Cuál sería una buena motivación para este tipo de obra? Confieso que un drogadicto maloliente y mentiroso no me inspira a entregar mi vida por él. Solo mi amor por Jesús me permite amar a esas ratas. Solo una verdadera comprensión de la gracia de Dios en Jesús y el hecho de que Cristo muriera por una rata como yo, junto con una buena comprensión del evangelio, me permite servir alegremente a personas como estas, a pesar de su indiferencia y hostilidad hacia mi ayuda. Al final, no lo hago para complacerlos a ellos sino para servir amorosamente al Salvador que me ha redimido *a mí* de la misma fosa.

Un psiquiatra ha escrito,

> Al igual que con las personas de cualquier otra profesión que implique ayudar a otros, a veces la motivación para entrar al ministerio es obtener el aprecio, la atención y la aceptación que se necesitan personalmente pero que no están siendo recibidas desde otra parte. A veces es el deseo inconsciente de dominar a otros y de hecho convertirse en pequeños papas, lo cual es una meta fácil de lograr si uno ministra a personas inmaduras. Muchos pastores reciben mucha gratificación inconsciente por poder dirigir y corregir a la gente.[2]

Creo que tiene razón.

Así que, deberías preguntarte: ¿por qué quieres ministrar entre los pobres? ¿Cuál es tu motivación? La justicia social y los ministerios de misericordia son muy populares en el contexto evangélico actual. Pero la realidad, como ya hemos visto, puede ser algo diferente a la visión romántica que muchos tienen acerca de este tipo de ministerios. Debemos ser conscientes de nuestras motivaciones porque pueden volverse en nuestra contra y atormentarnos si no lo pensamos seriamente antes de comprometernos con cualquier clase de ministerio.

3. TU TRASFONDO NO ES LO MÁS IMPORTANTE

Muchos hombres y mujeres jóvenes muestran gran interés por el ministerio en los programas de viviendas. La mayoría provienen de familias estables y están bien formados. Y casi la

primera pregunta que todos se hacen es: ¿soy demasiado sofisticado para trabajar en los programas de viviendas? Es una
buena pregunta. A pesar de las objeciones —generalmente de
parte de los que están en el poder— acerca de que la cuestión
de las diferencias de clase es exagerada, existe una clara división cultural entre las distintas clases del Reino Unido. La
gente lo siente, lo experimenta y lo demuestra en la forma en
que camina, habla y viste.

Ahora bien, las personas jóvenes por lo común no se consideran sofisticadas. Se consideran normales. Pero les preocupa
que la gente de clase baja/obrera haga una distinción de clase.
Al fin y al cabo, nosotros, los «pobres urbanos» no tenemos
poco ¡sino mucho resentimiento! Para nosotros, «sofisticado»
significa que te gusta el hummus, que tus padres están juntos,
y probablemente te dedicas a los juegos de mesa por las tardes.
Nos gusta nuestra comida para llevar y los *reality shows* de la
televisión. A la gente sofisticada le gusta los bailes de salón, ir
al teatro, y tomar una copa de vino tinto con los amigos.

Por lo general, mi respuesta a su pregunta es: «¿Crees que
la gente irá al infierno a menos que se vuelvan de sus pecados y pongan su fe y confianza solo en Cristo para obtener
perdón?». Si responden afirmativamente, vamos a entender-
nos. Si se ponen rojos, se burlan y se muestran incómodos,
probablemente puedes apostar que no están hechos para el
ministerio en nuestro entorno. En los programas de viviendas, solo queremos saber si nos darás respuestas directas a
nuestras preguntas directas.

Por supuesto, la clase social importa en un aspecto. A mi
pastor asistente le gusta ver dramas de época a pesar de todos

los intentos por rehabilitarlo. También lleva colgado un maletín por las calles de Niddrie, y a menudo tengo que soportar el desprecio y la vergüenza al caminar junto a él cuando lo hace. ¿Pero sabes qué? Niddrie no sería lo mismo sin él. Mi vida no sería tan rica. ¿Quién soy yo para burlarse de sus modales? Con toda seriedad puede decirse que es conocido y amado en todo el programa de viviendas, en gran parte porque es un hombre auténtico que ama a la gente y está dispuesto a hablarles «sin rodeos» en cuanto a sus vidas.

Mis siguientes preguntas a los posibles obreros son: ¿Conoces y amas a Jesucristo? ¿Amas a la gente lo suficiente como para hablarles acerca de su condición pecaminosa? ¿Amas a la iglesia local? ¿Estás dispuesto a involucrarte a fondo y a largo plazo en vidas desordenadas? Si es así, entonces todo lo demás no importa realmente. No hace falta que te deshagas de tus bolsos de caballero ni de tus colecciones de objetos finos.

Por supuesto, la vida en un programa de viviendas es un poco chocante para los que no están acostumbrados a ella. Es difícil adaptarse a la mentalidad, pero no es imposible. Pablo era hebreo de hebreos, llevó el evangelio a los gentiles y tuvo que superar un galimatías de cuestiones culturales para hacerlo. ¿Qué importa si la gente que lleva el evangelio a los pobres degusta té chai con leche? La gente está muriéndose sin Cristo; ese es el problema de fondo. Al final del día, lo que verdaderamente importa es que seas una persona que ama a Jesús y a la gente. Podrás tardar más o menos en encajar, pero la perseverancia, ser tú mismo, y que te dejes enseñar contribuirá considerablemente a que seas aceptado.

4. ES NECESARIO QUE TU FAMILIA ESTÉ A BORDO

El ministerio en los barrios pobres puede ser una tarea agotadora, frustrante, deprimente, lenta, repetitiva, amarga e ingrata. Puedes ser objeto de calumnias y chismorreos constantes. Como resultado, tu vida familiar es un importante ingrediente para tener un ministerio del evangelio saludable. Sin mi esposa a mi lado, apoyándome, orando por mí, manteniéndome íntegro, y amándome, no creo que hubiera durado tanto tiempo en la clase de ministerio que estamos desempeñando.

El ministerio en una comunidad pobre afecta a mi familia. Llevo a mi casa a extraños a todas horas para comidas, duchas y ropa, a menudo avisando con muy pocos minutos. Mi esposa ni parpadea. Dios le ha dado el don de la hospitalidad y una paciencia inacabable, incluso con los invitados más charlatanes. Ha habido noches en las que nos hemos sentado con personas que acababan de dejar las drogas de forma abrupta con los correspondientes síntomas. Tenemos a desconocidos a la mesa el día de Navidad. Hemos invitado a algunas personas a venir con nosotros a unas vacaciones familiares. Sin embargo, en todo esto, hemos logrado mantener nuestro amor los unos por los otros y una profunda apreciación por nuestros diferentes papeles en nuestro ministerio.

Mi hogar, aunque a menudo esté ocupado, es un tranquilo oasis en tiempos de tormenta. Mi esposa no tiene que estar debatiéndose entre el ministerio y yo. Salimos juntos algunas noches, pasamos noches en familia, oramos juntos. Pero cuando las emergencias o un torrente de problemas pastorales aparecen, ella no alimenta mi presión quejándose y compitiendo por mi atención.

Esta clase de ministerio es muy absorbente. Si te gusta dividir tu vida en «tiempo para el ministerio», «tiempo libre» y «tiempo para mí», entonces puede que este no sea el tipo de ministerio al que debas entregarte. No tienes que estar casado para progresar en nuestro ministerio, pero si lo estás, entonces debes tener un matrimonio seguro y feliz y una esposa que te apoye enormemente. Si no es así, déjalo cuanto antes. He sobrevivido durante tanto tiempo porque Dios es bueno y mi esposa se ha asegurado de que nuestra casa sea un refugio para las tormentas del ministerio, incluso si a veces traigo un pedazo de madera a la deriva a casa.

5. LOS LÍDERES DE TU IGLESIA DEBEN SUBIR A BORDO

De vez en cuando la gente se presenta en la iglesia habiendo oído hablar de nuestro ministerio y de nosotros. Habitualmente buscan dejar su congregación y unirse a la nuestra porque están interesados en ministrar entre los pobres (a veces, tan solo quieren unirse a nuestra iglesia). Sin excepción, les pregunto acerca de la iglesia de la cual provienen. ¿Quién es tu pastor? ¿Hay ancianos? ¿Qué opinan acerca de tus planes?

A menudo, al hacer estas preguntas me enfrento a bastante confusión. La actitud general es: «¿Qué tiene esto que ver con ellos? Yo puedo hacer lo que quiera». O, «Ellos no me entienden. Dios me ha hablado de tal y tal cosa pero ellos no lo entienden». La suposición es que entenderé su llamado de ministrar entre los pobres más que los ancianos de su iglesia. No podrían estar más equivocados.

El autor de Hebreos nos recuerda: «Obedeced a vuestros pastores y sujetaos a ellos, porque ellos velan por vuestras almas, como quienes han de dar cuenta; para que lo hagan con alegría, y no quejándose, porque esto no os es provechoso» (13:17). Las personas son libres de sentirse llamadas a todo lo que quieran, pero es necesario que ese llamado esté validado por aquellos que tienen que rendir cuentas por ellos. Una cosa es segura: si no puedes someterte a tus líderes espirituales, entonces no debes entrar en un ministerio en el que se espera que la gente se someta a tu liderazgo. Si los ancianos y líderes de tu iglesia no te están apoyando, puedes apostar lo que quieras a que no estás hecho para el ministerio en este momento. Si estás considerando ministrar entre los pobres, habla con los ancianos o líderes de tu iglesia, y pídeles que oren por ti y te aconsejen.

6. DEBES ORAR

Cuando empecé mi ministerio en San Luis, nadie en la ciudad estaba haciendo nada para alcanzar a los niños de la calle. Comencé a orar por un equipo y por la oportunidad de alcanzar a los niños. Al cabo de unas semanas había conocido a una señora mayor llamada Otacelia y había empezado a reunir a un pequeño grupo de brasileños interesados. Antes de empezar a hacer nada, acordamos reunirnos todos los días para estudiar la Biblia y orar juntos. Cada mañana y cada noche teníamos una reunión de oración antes de salir a las calles. Mantuvimos esta práctica durante todo mi tiempo en Brasil.

Cuando llegué a *Niddrie Community Church*, abría el edificio temprano por la mañana y empezaba a orar por la congregación y por la zona. Cuando me familiaricé más con el lugar y aprendí los nombres de algunas personas de la localidad, empecé a orar por ellas también. A medida que la gente iba siendo salva, oraba por sus familias. Oré por tener más miembros en el equipo. Entonces, algo sucedió: Dios respondió a mis oraciones. Este tiempo de oración, el cual inicié hace más de siete años, continúa casi a diario.

La oración es la llave absoluta *antes*, *durante* y *después* de cualquier ministerio. A fin de cuentas, estamos en una guerra espiritual. Pablo le recuerda a los corintios que «el dios de este siglo cegó el entendimiento de los incrédulos, para que no les resplandezca la luz del evangelio de la gloria de Cristo, el cual es la imagen de Dios» (2 Co. 4:4). Nuestro enemigo no se anda con tonterías. Usará todos los trucos a su disposición para obstaculizar la obra del ministerio del evangelio. Atacará a tu familia, a tus amigos, a tu iglesia, y a tus vecinos. El Diablo, el mundo y la carne son nuestros enemigos más acérrimos en este mundo y aun mucho más cuando estamos en la primera línea del ministerio del evangelio.

Observa la relación entre la guerra espiritual y la oración en las instrucciones de Pablo a la iglesia de Éfeso:

Vestíos de toda la armadura de Dios, para que podáis estar firmes contra las asechanzas del diablo. Porque no tenemos lucha contra sangre y carne, sino contra principados, contra potestades, contra los gobernadores de las tinieblas de este siglo, contra huestes espirituales de maldad en las regiones celestes. Por tanto, tomad toda

la armadura de Dios, para que podáis resistir en el día
malo, y habiendo acabado todo, estar firmes. Estad, pues,
firmes, ceñidos vuestros lomos con la verdad, y vestidos
con la coraza de justicia, y calzados los pies con el apresto
del evangelio de la paz. Sobre todo, tomad el escudo de
la fe, con que podáis apagar todos los dardos de fuego del
maligno. Y tomad el yelmo de la salvación, y la espada del
Espíritu, que es la palabra de Dios; orando en todo tiempo con toda oración y súplica en el Espíritu, y velando en
ello con toda perseverancia y súplica por todos los santos.
(Ef. 6:11-18)

Ora por el programa de viviendas, por el proyecto habi-
tacional, por el parque de casas móviles o por el centro de
acogida próximos a tu iglesia. Ora mucho y frecuentemente.
Ora por las conversiones. Muy a menudo no tenemos porque
no pedimos. Cualesquiera que sean tus pensamientos en este
momento acerca de evangelizar entre los pobres, cierra ahora
este libro y ponte de rodillas ante el Dios todopoderoso. Es lo
mejor y más importante que puedes hacer.

7. NECESITAS COMPRENDER TU COMUNIDAD

La percepción que se tiene de las áreas pobres, tales como los
programas de viviendas y las viviendas protegidas en el Reino Unido, así como la de los proyectos habitacionales en los
Estados Unidos, es mayormente negativa. Cuando oímos hablar del Bronx o del East End de Glasgow, solemos pensar en
traficantes de droga y tiroteos desde los automóviles. Y esta
negatividad no está desprovista de cierta realidad. Estos luga-

res del mundo tienen estadísticas horrendas de delincuencia, muerte prematura, delitos relacionados con las drogas y altas tasas de mortalidad infantil.

Pero eso no es todo lo que hay en estas localidades. Si te mudas a una de estas zonas y te sumerges en su vida de primera mano —viviendo, trabajando y socializando entre la gente— empezarás a ver un rico tapiz de vida y cultura. El problema es que la mayor parte de las opiniones y escritos acerca del ministerio entre los pobres está hecho por personas instruidas y pertenecientes en buena medida a la clase media. Y esto no es necesariamente malo. No tienes por qué venir de cierto lugar para poder ministrar en otro similar. Como dije antes, lo que importa realmente es amar a Jesús y a las personas. Pero, tal amor deberá mostrarse teniendo cuidado de no dejarte llevar por tus prejuicios culturales. Muchas de las iniciativas por alcanzar a las comunidades pobres carecen de fruto porque las personas que llevan a cabo esos ministerios en realidad no entienden la cultura y la estructura particular de las zonas en las que están sirviendo, ni tampoco intentan entenderlas amorosamente.

Así que si estás pensando en alcanzar un área próxima a donde vives, o si acabas de mudarte a una zona difícil, aquí hay algunas preguntas que puedes empezar a hacerte a ti mismo y a los demás. Pero ten cuidado de no hacer demasiadas preguntas, ¡o la gente acabará pensando que trabajas para la policía!:

- ¿Qué visión tienes de cara a una iglesia en esta localidad?
- ¿Quiénes son las personas clave que necesitas involucrar en esta obra? ¿Cuáles son sus dones?

+ ¿A quién quieres alcanzar? ¿Cómo harás esto de forma efectiva?
+ ¿Qué otros grupos están trabajando en esta población (seculares o de otro tipo)? ¿Cuán efectivos son?
+ ¿Quién puede ayudarte a aprender más acerca de esta localidad?
+ ¿Hay alguien en esta población que pueda ayudarte a «presentarte»?
+ ¿A qué tipo de personas atraes de forma natural? ¿Son estas personas de tu comunidad?
+ ¿Qué es lo que a la gente le gusta hacer en esta localidad?
+ ¿A quién necesitas reclutar para atraer a las personas a las que naturalmente no puedes llegar?
+ ¿Cómo vas a entablar relaciones intencionales dentro de la comunidad? ¿Por tu cuenta? ¿Como pareja? ¿Como un grupo pequeño?
+ ¿Cuál es tu plan de evangelización y discipulado?

Si te se mudas a un área necesitada, ora regularmente por ella y estúdiala a fondo. Acepta que hay muchas cosas que no entiendes, y que implicará mucho tiempo, esfuerzo y amor llegar a entenderlas. No obstante, si te involucras con la gente en su propio contexto, de forma lenta pero segura empezarás a adquirir una mejor comprensión de la comunidad. Esto será de inestimable valor en los años siguientes.

PREPARA LA OBRA

Pasé —Mez— los primeros doce meses de mi pastorado observando la comunidad y conociendo a la gente de *Niddrie Community Church*. A medida que las fortalezas y las debilidades de la congregación se hicieron evidentes, me di cuenta de que la iglesia necesitaba un enfoque completamente nuevo de cara al ministerio en la zona. Teníamos una serie de problemas:

+ Necesitábamos más ancianos, y también saber cuál era el papel de estos.
+ Había una mentalidad de «predica y vendrán» referente a la evangelización. Como era de esperar, casi nadie venía.
+ La gente esperaba que el pastor hiciera la mayor parte del trabajo ministerial en el día a día.
+ Cuando pedí a cada miembro de la congregación que explicara la misión y el propósito de la iglesia, recibí tantas respuestas distintas como gente teníamos en la iglesia.

+ La gente de la localidad, mayormente hostiles, veía el edificio de la iglesia y a los que adoraban dentro de él, como un club de personas ajenas a ellos.

+ Muchos miembros no estaban utilizando sus dones para el beneficio del resto del cuerpo.

Necesitábamos ponernos en marcha. Pero, ¿por dónde empezábamos? ¿Cómo pueden los plantadores de iglesias, las iglesias próximas a las zonas pobres, o aquellos que se sienten desconectados de las comunidades pobres tomar medidas positivas y prácticas en la edificación de iglesias sanas?

EDIFICA Y POTENCIA UN LIDERAZGO PIADOSO

Durante mis primeras semanas en *Niddrie Community*, alguien me preguntó qué modelo de campana extractora de humos quería para el horno de la iglesia. No me importaba lo más mínimo. Entonces empecé a enseñar a la congregación que el pastor no necesitaba estar en cada reunión y tomar todas las decisiones. La microgestión no equipa a la gente ni forma un equipo; delegar autoridad sí. Considera los siguientes versículos:

+ «Después llamó a los doce, y comenzó a enviarlos de dos en dos; y les dio autoridad sobre los espíritus inmundos». (Mr. 6:7)

+ «Después de estas cosas, designó el Señor también a otros setenta, a quienes envió de dos en dos delante de él a toda ciudad y lugar a donde él había de ir». (Lc. 10:1)

+ «Mejores son dos que uno; porque tienen mejor paga de su trabajo. Porque si cayeren, el uno levantará a su compañero; Pero ¡ay del solo! Que cuando cayere, no habrá segundo que lo levante». (Ec. 4: 9-10)

1. Recluta y capacita ancianos

La iglesia tenía ancianos, pero dos de ellos estaban envejeciendo y no parecía que tuvieran muy claro cuál era su papel. Si íbamos a crecer saludablemente, necesitábamos un cuerpo de ancianos bíblicamente fuerte, de cara al futuro. Durante los siguientes dos años, hice lo siguiente:

+ Durante mis primeros doce meses me reuní individualmente con los hombres de la iglesia para aprender más acerca de ellos.

+ Empecé a dar a algunos de ellos la oportunidad de presidir las reuniones dominicales y las reuniones de oración a mitad de semana.

+ Les desafié a meditar acerca del estado de sus almas y de su caminar con Jesús (algo nuevo para muchos de ellos).

+ Observé a quiénes destacaban a la hora de asumir el liderazgo así como a quienes tomaban la iniciativa en la oración durante las reuniones entre semana o visitaban a los ancianos o enfermos.

+ Di a los hombres material de lectura acerca de una gran cantidad de temas —eclesiología, el evangelio, el liderazgo, las mujeres en el ministerio— y les animé a mantener un debate serio y reflexivo.

+ Quedamos una o dos veces al mes para socializar, a veces solo dos de nosotros y otras veces en grupo. Quería ver cómo los hombres interactuaban los unos con los otros.
+ Oré para que el Señor me diera sabiduría de cara a los próximos pasos.

Tras dos años, un día me cité con un pequeño grupo de hombres. Variaban en edades —de veinte a sesenta años— y poseían una gran variedad de dones. Pasamos un día entero juntos orando y hablando acerca de cuestiones doctrinales y teológicas. Estudiamos las Escrituras y compartimos nuestros testimonios acerca de cómo el Señor nos salvó y nos trajo a este lugar. Hablamos de lo siguiente:

+ El papel de los ancianos
+ El estado y el futuro de *Niddrie Community Church*
+ La evangelización
+ El discipulado
+ El gobierno de la iglesia
+ La formación de futuros líderes

Fue una gran oportunidad para ver cómo interactuaban estos hombres y, lo que es más importante, cómo resolvían los conflictos de manera bíblica y madura cuando discrepaban. Algunos eran más sólidos teológicamente. Otros eran más pastorales. Algunos carecían de la capacidad de hablar de doctrina en profundidad, pero eran estudiantes humildes. Todos se ajustaban a las calificaciones para los ancianos según 1 Timoteo 3 y Tito 1. Fue un gran tiempo y, uno por uno, cuando hicimos votar a la congregación, fueron ordenados como ancianos.

La dinámica de nuestras reuniones de ancianos cambió dramáticamente. Pasamos de tratar problemas como puertas estropeadas y la factura de la luz a lidiar con asuntos pastorales, orar y estudiar juntos la Biblia. Leímos libros muy útiles acerca del liderazgo de la iglesia y los ancianos.[1]

Quizá, el mayor punto de inflexión para nosotros tuvo lugar en 2012 cuando nuestros ancianos asistieron a una conferencia de 9Marks en Washington, D. C., llamada «*Weekender*». Con la bendición de la congregación viajamos a los Estados Unidos y pasamos cuatro días enteros observando las prácticas de *Capitol Hill Baptist Church* en Washington, D. C. Fuimos a clases separadas, y por las noches poníamos en común lo aprendido y decidimos lo que funcionaría mejor en nuestro contexto. La experiencia nos acercó más como hermanos en Cristo y como subpastores del pueblo de Dios en Niddrie. A pesar de que *Capitol Hill Baptist Church* y *Niddrie Community Church* estaban separadas geográfica y culturalmente, los principios que aprendimos han tenido un profundo efecto en cómo lideramos. El beneficio para la iglesia ha sido enorme.

+ Empezamos a reunirnos como ancianos semanalmente en vez de mensualmente.

+ Usamos una reunión al mes para nuestro propio estudio personal y nuestras interacciones pastorales como líderes. Oramos unos por otros y nuestras familias exclusivamente.

+ Oramos por nuestros miembros dos veces al mes.

+ Comenzamos a enseñar no solo acerca de la necesidad de la membresía sino también acerca de la naturaleza de la misma. ¿Qué responsabilidades tienen tanto los líderes como los miembros?

+ Hemos aumentado las reuniones de nuestros miembros de una vez al año a trimestralmente.

+ Desarrollamos e instauramos una práctica en cuanto a la disciplina de la iglesia, la cual hemos puesto en práctica varias veces.

Ahora tenemos un cuerpo de ancianos que están creciendo juntos, aprendiendo juntos, rindiéndose cuentas espiritualmente unos a otros y haciendo avanzar a la iglesia bajo la dirección de Dios y su Palabra.

Hablaremos más acerca de la preparación de líderes en el próximo capítulo.

2. Desarrolla un equipo ministerial

En los primeros días, la mayoría de miembros de nuestra iglesia vivía y trabajaba fuera del programa de viviendas. En seguida me vi desbordado discipulando a nuevos creyentes y atendiendo a consultas de personas interesadas en la fe. Las personas aparecían repentinamente y sin previo aviso. Necesitaba ayuda, pero no teníamos suficientes cristianos viviendo en la comunidad o convertidos locales suficientemente maduros para ese trabajo.

Así que empecé por reclutar a *foráneos culturales*. Estos eran jóvenes cristianos —hombres y mujeres— que no vivían en el programa de viviendas pero que en un momento desearon aprender acerca de este tipo de ministerio y carecieron de la oportunidad de implicarse. Pensé que los reclutas que anhelaban servir a los pobres en las organizaciones paraeclesiales estarían mejor atendidos aprendiendo en *Niddrie Community Church*. Por supuesto, tuve que venderles una visión de una iglesia local que realmente evangelizaría, discipularía y equiparía a líderes locales, y que no solo los usaría y abusaría de ellos como si fueran niñeras glorificadas y trabajadores juveniles. Debía asegurarles que tendrían voz y voto en cuanto a nuevas iniciativas ministeriales. En otras palabras, los ancianos no matarían cada nueva idea y retrasarían el progreso por miedo al cambio. Por supuesto, los ancianos mantuvieron la supervisión de todo, pero al mismo tiempo reconocieron que tendríamos que dar mucha autonomía a nuestro equipo ministerial y permitirles tomar decisiones en el día a día y sobre el terreno, sin demasiada interferencia.

En segundo lugar, recluté y formé a *trabajadoras*. En las comunidades más pobres de Escocia, el 52 por ciento de todos los residentes son progenitores solteros y, en su gran mayoría, mujeres. En los programas de viviendas las mujeres sufren de forma desproporcionada problemas de salud de larga duración, discapacidad y violencia de todo tipo. Son mujeres necesitadas, vulnerables y con complejos problemas físicos, psicológicos y espirituales; muchas de ellas se sientan en los bancos de nuestra iglesia.

Estas cosas no se arreglan durante una reunión semanal tomando café. Ayudar a estas mujeres requiere un compromiso de todo corazón para caminar mano a mano junto a ellas. A riesgo de caer en lo obvio, generalmente no es sabio o prudente el que un hombre aconseje o invierta una cantidad significativa de tiempo en la vida de una mujer. En los programas de viviendas, cualquier forma de ternura de parte de un varón es muy probable que sea malinterpretada, sexualmente hablando. Un hombre que sepa escuchar es un poderoso afrodisíaco. Ciertamente, las mujeres necesitan tener alrededor ejemplos de hombres y padres piadosos. Pero la clase de apoyo, amistad, tutoría, intimidad en la oración, consejo y cuidado que muchas mujeres de la iglesia necesitan debe provenir de mujeres formadas bíblicamente y maduras, que estén involucradas en sus vidas a largo plazo. Como resultado, debemos reclutar y capacitar intencionalmente a mujeres que puedan trabajar en el ministerio.

En tercer lugar, recluté solo a *personas dispuestas a comprometerse a largo plazo*. Mike y yo hemos aprendido que el ministerio en lugares difíciles solo funciona cuando estamos preparados para echar raíces. En *Niddrie Community Church*, cada uno de los miembros con más experiencia de mi equipo se compromete a trabajar por un lapso de diez a quince años. Uno de mis plantadores de iglesias comentó recientemente que cuando estaba considerando trabajar con nosotros, se preguntó si estaba preparado para venir y morir en el programa de viviendas. La plantación y la revitalización de iglesias no es un trabajo de dicho y hecho. El fruto llega lentamente en este tipo de obras.

Llevamos siete años, y apenas hemos empezado a ver verdadero fruto. Debemos estar en ello a largo plazo. Tomamos muchos riesgos al principio. Algunos se pagaron, otros no (hablaremos de esto más tarde). Pero los jóvenes siempre se sienten atraídos por una visión. Una visión ayuda a las personas a imaginar posibilidades en las que no habían caído antes. Nos llevó unos cuantos años, pero finalmente tomamos impulso. La diferencia entre diez y treinta personas que vivan en Niddrie es enorme.

NO SEAS DERROTADO ANTES DE EMPEZAR

Muchos plantadores de iglesias y pastores ya establecidos se preguntan cómo van a empezar cuando están solos o tienen muy pocos recursos. Muchas personas que vienen a *Niddrie Community Church* nos comentan que es más fácil para nosotros porque tenemos un equipo. Pero no teníamos a nadie trabajando a tiempo completo cuando empecé la obra. Empieza con la materia prima que tienes y trabaja a partir de ahí. Si vas por tu cuenta y empiezas desde cero, entonces ora para que otros se unan a ti. No tengas prisa. Elige cuidadosamente a los miembros del equipo y asegúrate de que entienden tu visión y dirección. Si eres un pastor experimentado, entonces ofrece un programa de formación a algunos miembros o recluta personas de seminarios u otras iglesias locales. Tal vez no los tenemos porque no se los hemos pedido a nuestro Padre celestial. Una cosa es cierta: el cambio no vendrá si no estamos dispuestos a dar pasos de fe.

NO TE ATES A UN MODELO

Algunas personas se apasionan por un modelo determinado de plantación y revitalización de iglesias, como si el trabajo se hiciera mejor haciendo lo mismo cada vez. Pero según mi experiencia, hay un montón de buenas maneras de llevarlo a cabo:

+ En Brasil empecé con un grupo de ocho hombres y mujeres. Nos reunimos todos los días durante un año, estudiando, orando, comiendo, y haciendo ministerio en las calles. Cuando llegó el momento de empezar la obra en nuestra favela, nos conocíamos muy bien y nos lanzamos al terreno inmediatamente. La iglesia creció rápidamente.

+ En Niddrie heredé un grupo, y por eso tuve que reeducarlos, en gran medida desde el púlpito. Invertí más tiempo con aquellos que parecían vibrar con la nueva visión del ministerio. Ha sido una manera diferente de hacer iglesia, pero poco a poco está siendo efectiva.

+ En Dundee, 20Schemes ha ayudado a colocar un plantador de iglesias en un antiguo edificio eclesial que cerró sus puertas hace casi dos décadas. Situado en una comunidad muy necesitada de dieciocho mil personas, el edificio ha sido utilizado por varios ministerios de jóvenes y niños durante los últimos diez años. El trabajo requiere un líder con la capacidad de atraer a la gente y dar forma a una visión coherente.

+ En un programa de viviendas de Edimburgo llamado Gracemount, 20Schemes ha ubicado a una joven pareja que está tratando de empezar una iglesia desde cero. Ambos tienen contactos a través de un ministerio paraeclesial, pero aquí un líder necesita un espíritu emprendedor, capacidad para evangelizar y un sólido equipo para empezar a dar impulso a la obra. Será un ministerio lento.

◆ En Glasgow, dos parejas jóvenes se han mudado a un programa de viviendas tras estar trabajando allí durante más de cinco años entre la juventud. Necesitarán ayuda, guía, apoyo y dar rendición de cuentas a otra iglesia establecida mientras tratan de plantar una iglesia centrada en el evangelio en el programa de viviendas.

◆ La iglesia de Mike ha tenido experiencias similares. Han revitalizado, plantado desde cero, enviado a un equipo grande, y han plantado iglesias para personas de otros idiomas evangelizando mediante estudios bíblicos.

La verdad es que no hay una manera perfecta de plantar y revitalizar iglesias. Cada lugar es diferente y presenta diferentes oportunidades. Un parque de caravanas podría requerir una estrategia diferente a un proyecto de viviendas urbano, lo cual podría ser muy diferente a plantar una iglesia en los suburbios. Si estás atado a un modelo, puedes perderte una buena oportunidad. Si importas tu modelo a una ubicación diferente sin tener en cuenta su cultura y necesidades, estás llamando a los problemas.

SÉ REALISTA ACERCA DEL COSTO FINANCIERO

Dos jóvenes se citaron conmigo en mi oficina para hablar acerca de su visión para trabajar con pandillas en Sudáfrica. Cuando les pregunté qué presupuesto iban a necesitar, la respuesta fue ingenuamente baja. Al parecer, planeaban vivir con escasos recursos sin tener en cuenta el alquiler, el automóvil, el

LA IGLESIA EN LUGARES DIFÍCILES

combustible, un fondo laboral, la vivienda, los gastos médicos y un insignificante lujo llamado comida. No tenían ni idea del costo real de lo que estaban tratando de hacer. La mayoría de las iglesias y plantadores no son tan ingenuos, pero muchos tienen pocas pistas acerca de los costos asociados con la plantación o revitalización de iglesias en áreas pobres.

La estrategia occidental de plantación de iglesias suele prever la independencia financiera en un plazo de tres a cinco años. Esto es muy poco realista de cara a las comunidades pobres en las que alcanzar la independencia fiscal puede llevar una década o más. Los nuevos ministerios para los pobres requieren un esfuerzo misionero y financiero a largo plazo. Pensar cuidadosamente en cuanto a las finanzas ayudará a proteger al plantador de la inquietud, las preocupaciones y la ansiedad.

La dificultad existente de financiar iglesias en zonas pobres es un buen motivo por el que las iglesias de todas partes deberían unirse y desarrollar una red de colaboración estrecha las unas con las otras. Juntas pueden apoyar —financiera y espiritualmente— el trabajo de las iglesias en las zonas más pobres. Si perteneces a una iglesia económicamente solvente que desea colaborar en la obra de ver el evangelio difundirse entre los pobres, puede que la forma más efectiva en la que tu congregación pueda participar es mediante el apoyo financiero. También debemos promover donantes individuales que aprecien y comprendan el contexto de nuestro ministerio. Lamentablemente, este tipo de personas escasean en un mundo al que le gustan los resultados rápidos y ver en las noticias buenas estadísticas y relatos de conversiones. A la luz de este hecho, nuestra estrategia ha sido presentar el ministerio entre los pobres como parte de un esfuerzo misionero a largo plazo. Animamos a nuestros obreros a recabar apoyo financiero para generar sostenibilidad.

TEN OBJETIVOS Y EXPECTATIVAS REALISTAS

Recuerdo haber estado en una reunión en Nueva York y escuchar a un plantador de iglesias decir que si al tercer año no estamos viendo a 200 personas en nuestra plantación, entonces tal vez deberíamos cuestionar nuestro llamado. Otro plantador nos dijo que estaba mudándose por fe a una nueva zona junto a un equipo de base de 150 personas. Tuvimos una vez la visita de unos plantadores de iglesias estadounidenses a nuestro culto en Niddrie, en el que teníamos alrededor de setenta y cinco personas de asistencia. Después, durante el almuerzo, uno de ellos nos dijo que opinaba que tendríamos más éxito si tuviéramos mejores músicos e ilumináramos un poco más el local. Le informé de que según los parámetros de un programa de viviendas, ¡somos una megaiglesia! Parece ser que Europa y los Estados Unidos son a menudo diferentes cuando se trata de valorar lo que es ser fructíferos y tener éxito.

Cuando oigo historias de iglesias que atraen a cientos de personas a sus cultos de inauguración, supongo que la mayoría de los presentes son cristianos que han sido parte de otras iglesias de la zona. Una iglesia en una comunidad pobre es mucho menos propensa a tener un gran surtido de cristianos a los que acudir. Es probable que crezca más lentamente porque tendrá que crecer mediante conversiones. Ciertamente, Dios podría enviar un avivamiento y hacer llover miles de conversos. Pero, a menos que suceda algo extraordinario, estaré encantado si vemos grupos de veinte a cuarenta creyentes en varios programas de viviendas tras diez años de trabajo. ¡Eso sería tener un gran éxito, aunque a algunos les parezca un equipo de base! Francamente, ponemos demasiada presión sobre nuestros plantadores y revitalizadores de iglesias basándonos en metas y expectativas poco realistas.

CONCLUSIÓN

Tanto a los nuevos creyentes como a los miembros de una congregación, independientemente de su condición social, se les ha de enseñar acerca de su responsabilidad hacia su cuerpo local. Algunos llegarán a ser grandes miembros de los equipos ministeriales. Algunos pueden llegarán a ser buenos diáconos. Algunos serán ancianos piadosos. Pero sus dones verán la luz solo si se les da la oportunidad de probarse en el fuego del ministerio. Y lo mismo ocurre con nuestras mujeres. Muchas mujeres piadosas y bíblicamente maduras están puestas en la despensa, sin ser usadas por sus iglesias, cuando se las necesita enormemente en los lugares difíciles.

La conclusión es que las iglesias en lugares difíciles, como en todos los lugares, deben desarrollar culturas de discipulado y ministerio, en las cuales los miembros, los líderes y los aspirantes a líderes aprendan a discipularse mutuamente y entiendan que esa actividad es una parte esencial de ser cristiano. De esta manera aprenden a servir, a fallar, a perdonar, a animar y a aprender los unos de los otros.

PREPÁRATE PARA CAMBIAR TU FORMA DE PENSAR

Imagínate que un joven entra en tu iglesia y pide hablar con el pastor. Ha tenido problemas con la ley desde que era un niño y acaba de cumplir una condena en prisión por robo y asalto grave. Se le ve inquieto y sale del edificio a fumar mientras tú tratas de encontrar al pastor. Huele como si no se hubiera lavado en mucho tiempo, y su ropa parece barata y andrajosa.

Pues resulta que este joven recientemente hizo profesión de fe en Cristo, y aunque nunca leyó la Biblia, quiere asistir a tu iglesia para saber más de Jesús. Actualmente vive en un refugio para personas sin hogar, y admite que consume drogas, aunque asegura que está tratando de dejar de fumar. Es bastante agresivo y es evidente que no le gusta que le hagan muchas preguntas.

¿Qué pensarías mientras el joven se aleja? ¿Esperarías secretamente que no regresara? ¿Te preguntarías quién se encargará de él si regresa el próximo domingo? ¿Pensarías en cómo ayudarle a salir del refugio para indigentes y de las drogas? ¿Pensarías en él términos de *discípulo* o de *desastre*? Afirmo —Mez— que lo que puedes tener entre manos es un futuro líder. Si vas a emprender el ministerio eclesial entre los pobres, entonces, necesitas ver que este joven sucio, agresivo y bíblicamente analfabeto podría ser un futuro pastor o líder en la iglesia. La pregunta es: ¿Tiene tu iglesia una forma clara de discipular a este tipo de hombres y mujeres jóvenes? ¿O se tolera a este tipo de personas hasta que vuelven a su anterior vida, y entonces todos dan en secreto un suspiro de alivio?

EL PROBLEMA DE NUESTRAS IGLESIAS

La verdad es que hay muchas iglesias que carecen de una cultura de discipulado orientada a los conversos de entre los pobres. Este tipo de personas pueden ser bienvenidas a nuestras congregaciones, pero generalmente se les pasa por alto cuando se trata de identificar y capacitar a líderes potenciales. No es un problema nuevo; hace cuarenta años, el Pacto de Lausana puso de relieve la misma cuestión:

> También reconocemos que algunas de nuestras misiones han sido demasiado lentas en equipar y alentar a los líderes nacionales a asumir sus legítimas responsabilidades. Sin embargo, estamos comprometidos con los nativos y esperamos que en no mucho tiempo cada iglesia tenga líderes nacionales que manifiesten un estilo cristiano de liderazgo en términos no de dominación sino de servicio. Reconocemos que hay una gran necesidad de mejorar la educación teológica,

especialmente para los líderes de la iglesia. En cada nación y cultura ha de haber un programa de entrenamiento efectivo para pastores y laicos en doctrina, discipulado, evangelización, educación y servicio. Estos programas de capacitación no deben basarse en una metodología estereotipada, sino que deben desarrollarse por medio de iniciativas locales creativas de acuerdo con los estándares bíblicos.

El problema que los autores del Pacto de Lausana estaban abordando era la tendencia de los misioneros occidentales a inutilizar las iglesias indígenas en el extranjero, al no levantar líderes de maneras culturalmente sensibles. De manera similar, es fácil para las iglesias de Occidente quedarse atrás cuando se trata de capacitar a líderes de entre los pobres de su membresía. Si no me crees, lee los anuncios en los medios cristianos para los ministros en prácticas o internos en las iglesias; verás que están casi exclusivamente dirigidos a gente educada. El hecho es que el liderazgo en muchas iglesias está dominado por las personas formadas académicamente y por profesionales cualificados.

Los que se encuentran en puestos y cargos de liderazgo pueden transmitir con mucha facilidad la idea de que solo ellos tienen las habilidades y los conocimientos necesarios para liderar. Podemos comunicar sutilmente que solo las personas aseadas y con buen aspecto pueden ser consideradas para el liderazgo cristiano. Por supuesto que un anciano debe ser «apto para enseñar», pero la educación formal y la inteligencia empresarial no son calificaciones para el liderazgo cristiano (véase 1 Ti. 3:1-13). De hecho, los modelos de liderazgo de una iglesia deben ser algo distintos de los modelos de liderazgo del mundo porque Dios valora cosas distintas a las que el mundo valora (1 Co. 1:26-29). Las iglesias y los líderes institucionales deben dejar de ignorar a aquellos que carecen de calificaciones profesionales o que no encajan en su círculo social.

UN ENFOQUE FRESCO

Precisamos repensar cómo llevamos a cabo el ministerio en los lugares difíciles de nuestros pueblos y ciudades. Tener compasión hacia los pobres y los oprimidos es apropiado y bueno, pero tenemos que evitar la clase de ayuda discapacitante que presta asistencia a las personas de las comunidades pobres, pero que nunca les ofrece la ayuda necesaria para convertirse en discípulos maduros de Cristo.

Déjame darte un ejemplo. En una conversación reciente acerca del ministerio entre los pobres, mencioné que uno de los problemas de los ministerios de misericordia era que fallaban en ayudar a que se desarrollara un liderazgo nativo entre los pobres. Un hombre dijo ser la excepción, alegando que el comedor de beneficencia de su iglesia había transformado su comunidad. Sin embargo, cuando ahondamos en los detalles, se hizo evidente que la mayor parte del beneficio había sido experimentado en la iglesia. Algunos miembros descubrieron que distribuir alimentos era una manera muy fácil de involucrarse en el ministerio. Y eso era algo bueno. Pero el hombre también admitió que, después de una cantidad significativa de tiempo llevando a cabo este ministerio, aún no habían tenido lugar conversiones, ni nadie estaba siendo discipulado.

Peor aun, no había ningún plan establecido en el caso de que alguien llegara a ser cristiano.

El ministerio de misericordia es algo grande si forma parte de un plan más grande, pero no puede ser el final de la historia para aquellos que reciben la ayuda. Entonces, ¿cuál *es* el camino a seguir? Las iglesias que trabajan entre los pobres deben incorporar la capacitación de líderes nativos en su ADN.

Por tanto, ¿cómo vamos de nuestra apremiante situación actual en los lugares difíciles a comprometernos con promover el liderazgo entre los lugareños? En los programas de viviendas de Escocia hemos aceptado la idea de que al principio vamos a tener que servirnos de los «foráneos culturales». No hay el suficiente capital humano en este momento para impulsar el liderazgo nativo. Tendremos que entrenar a estos «forasteros» para identificar y formar a los «nativos» que puedan llegar a servir como futuros líderes. Tal vez dentro de una generación veremos un movimiento real hacia las iglesias de los programas de viviendas que esté dirigido por personas que se hayan convertido en ellos.

Con este propósito en mente, aquí van diez sugerencias que surgen de mi experiencia en formar hombres y mujeres de cara al liderazgo en comunidades pobres:

1. Da responsabilidades lo antes posible a los nuevos creyentes

A menudo, las congregaciones de clase media esperan a que los nuevos creyentes se prueben a sí mismos antes de darles puestos de liderazgo. En los programas de viviendas, hemos comprobado que es mejor dar responsabilidades a las personas y que lidien con ellas hasta que se vea si son incapaces de llevarlas a cabo. En otras palabras, es bueno dar rápidamente responsabilidades a los creyentes y que se desenvuelvan libremente en áreas tanto de servicio como de enseñanza. No estoy hablando de hacerlos ancianos, pero tampoco estoy hablando de ponerles a apilar sillas. Nuestra capacitación no puede limitarse a darles lecciones en un aula. Es preciso caminar con ellos en el día a día del ministerio. Al fin y al cabo, así es como Jesús entrenó a sus discípulos; vivieron juntos, y él les enseñó por el camino.

En *Niddrie Community Church* tenemos una joven obrera que fue salva hace muy poco tiempo. Es una chica local que vino a nosotros sin ningún conocimiento previo en cuanto a la Biblia. A los dos meses de su conversión, decidimos aprovechar el tiempo que le dejaba su trabajo a media jornada para alcanzar a los jóvenes de la zona. Al poco tiempo, empezó un estudio bíblico con cinco amigos. Ella apenas conocía nada excepto el evangelio, pero en pocas semanas algunas de sus amigas empezaron a asistir a la iglesia y una pareja fue salva. ¡Hizo más progresos en la localidad en seis meses que nosotros en seis años! Solamente teníamos a una cristiana madura que asistía a sus estudios bíblicos para brindarle ayuda y consejo a nuestra joven si se quedaba atascada. Con esta cultura de libertad, ella ha iniciado otros ministerios dentro de la comunidad, a la vez que se formaba simultáneamente por medio de nuestro programa interno de capacitación.

2. Comunícate de maneras culturalmente sensibles
La comunicación es contextual. Por ejemplo, en los programas de viviendas valoramos el hablar claro; es una

muestra de respeto en las relaciones. Las personas de clase media tienden a poner un mayor énfasis en no ofender; así muestran que se preocupan por la relación. Como resultado, una parte parece grosera y agresiva a la otra, mientras que la otra parece difusa y superficial. Debemos tener cuidado con entender cómo habla y actúa la gente antes de cuestionar su motivación o carácter. Muchos creyentes de los programas de viviendas son pasados por alto de cara al liderazgo porque pueden parecer groseros, rudos, y agresivos en comparación con sus hermanos y hermanas de clase media. Comprender la cultura del lugar en el que viven puede ayudar en este sentido, evitándose así los extremos. Debemos, por supuesto, confrontar la conducta pecaminosa, cualquiera que sea nuestra cultura, pero me temo que muchos líderes potenciales son desestimados debido a malentendidos acerca de la forma en que las personas de diferentes culturas se comunican.

3. Considera los fracasos como oportunidades

A veces estamos tan hinchados de orgullo que pensamos que si una persona a la que estamos discipulando cae o vuelve a sus viejas costumbres, de alguna manera, es una mancha en nuestro historial y ministerio. Pero, honestamente, si no fallamos, entonces no crecemos. Vamos a cometer errores con respecto al liderazgo.

Jesús dio a sus primeros discípulos margen para fallar. A menudo aprendieron en el fragor de la batalla. También nosotros debemos tranquilizarnos y luchar contra el temor de que nuestros discípulos no estén listos para ministrar.

Ese miedo es un asesino en el campo de las misiones; bloquea el ministerio. Hay un tiempo para ser precavidos y un tiempo para correr riesgos.

4. Busca líderes no convencionales

Algunos de nosotros carecemos de fe en el poder del evangelio y del Espíritu Santo para transformar a las personas que son diferentes. Echa otro vistazo a ese diamante en bruto, a ese hombre o mujer de tu congregación que parecen que ni siquiera se acercan a ser «carne de liderazgo». Invierte algo de tiempo en ellos, y Dios quizá te sorprenda. De lo único que podemos estar seguros es que si esperamos que los líderes de las comunidades pobres lleguen a parecerse a respetables cristianos de clase media, entonces podemos esperar sentados durante mucho tiempo.

He oído historias sorprendentes acerca de personas que consiguieron dar la vuelta a iglesias moribundas, que ahora tienen miles de miembros. Me han impresionado plantadores de iglesias en la India que han plantado docenas de congregaciones antes de cumplir los treinta años. Pero, honestamente, estoy tan interesado en ellos como en aquellos que lo han intentado y han fracasado.

Conocí a un joven hace ya algunos años. Apareció en mi iglesia, y me enteré de que formaba parte de un fallido equipo internacional de plantación de iglesias en Asia. Diez personas se habían unido para plantar una iglesia internacional, y una a una se habían rendido y vuelto a casa. Finalmente, él era el único que quedaba. Cuando lo conocí, estaba un poco abatido y frustrado. Tras escuchar su historia, lo contraté casi inmediatamente.

El fracaso es el caldo de cultivo para la humildad. Muchos plantadores jóvenes son resueltos y orgullosos porque todavía no han sido aguijoneados por la derrota. Me impresionó el hecho de que este hombre fuera la última persona de su equipo. Eso me dijo todo lo que necesitaba saber acerca de su espíritu perseverante. Tras ser entrenado a mi lado durante un año, su fe se vio renovada y su confianza restaurada. También enseñó a mi equipo algunas lecciones de valor incalculable.

Algunas de las conversaciones más provechosas que he tenido fueron con personas que estaban luchando —o fracasando— en lugares difíciles. Conozco a hombres que trataron de plantar o revitalizar iglesias varias veces antes de que vieran fruto duradero. Conozco a otros que han renunciado y regresado a sus lugares de trabajo. Busco intencionalmente a estas personas porque los errores que cometieron y las lecciones que aprendieron son de gran valor para mí.

A medida que vayas reclutando un equipo, no vayas a por el competente y pomposo graduado del seminario teológico, sino más bien busca a personas que hayan recibido unos cuantos golpes. Estas personas tienden a ser miembros de primer nivel en el equipo.

5. *Trátalo como un ministerio multicultural*

Si eres una persona de otro contexto yendo a ministrar entre los pobres, debes enfrentarte al hecho de que estás introduciéndote en una obra de índole intercultural. No cometas el error de pensar que compartes valores culturales con alguien tan solo porque sois del mismo país y habláis el mismo idioma. De hecho, creo que antes de pensar en ministrar en un programa de viviendas u otro lugar similar, debes adquirir experiencia en un contexto intercultural. Te obligará a hacerte preguntas difíciles acerca de ti mismo y tus propias preferencias culturales, y te mostrará tus puntos débiles. Con suerte, todo eso te llevará a buscar soluciones bíblicas a la vez que te desenvuelves fuera de tus límites naturales.

La gente y los lugares no son cosas que necesariamente deban de corregirse. Si llegas a una comunidad pobre con otra cosa que no sea amor y aprecio, te hundirás antes de empezar. Sus heridas y dificultades podrán ser distintas a las heridas y dificultades de tu comunidad de origen, pero cada cultura tiene las suyas. Vemos los problemas de los demás con más claridad. Nuestro trabajo no es transformar culturas enteras, sino compartir las buenas nuevas y discipular a los que Dios atrae hacia él. Debemos de ser cuidadosos con nuestros etnocentrismos.

También tenemos que esforzarnos por aprender de la cultura en la que nos estamos desenvolviendo. El apóstol Pablo estuvo un rato paseando por Atenas antes de predicar en el Areópago. De la misma manera, debemos observar cuidadosamente la cultura que nos rodea; no podemos suponer que lo entendemos todo. Tenemos que preguntarnos constantemente:

+ ¿Cuáles son algunas de las fortalezas y debilidades de la cultura con la que estamos trabajando?
+ ¿Cuáles son nuestras propias fortalezas y debilidades?
+ ¿Qué principios bíblicos trascienden a ambas culturas?

6. Considera los conflictos como oportunidades

A la mayoría de la gente no le gustan los conflictos, lo cual es lógico. La tensión, la frustración y las palabras hirientes hacen que la vida cotidiana sea menos agradable. Pero cuando empezamos a estructurar nuestros equipos para evitar los conflictos, nos encontramos con un problema. La diversidad de opiniones, las habilidades y los antecedentes que se requieren para construir un equipo eficaz, generará un ambiente en el que las personas serán propensas a los malentendidos y a los desacuerdos. Pero tampoco queremos valorar la tranquilidad hasta el punto de que solo empleemos a hombres y mujeres que digan que sí a todo. Queremos pensadores profundos y libres que finalmente se sometan a la autoridad, pero que impulsen al equipo y al ministerio hacia adelante.

Si construyes equipos con seres humanos pecaminosos, experimentarás conflictos. Esto es especialmente cierto si estás mezclando personas de diferentes contextos culturales. Cada semana viene a mi oficina gente con problemas: se han entendido mal, han malinterpretado las motivaciones de otros y han comunicado sus sentimientos e intenciones inapropiadamente. Esto es normal y no debe ser evitado. En vez de eso, debe ser utilizado como oportunidades para resolver desacuerdos y explorar los problemas del corazón que yacen bajo la superficie.

Cuando los conflictos entre los miembros del equipo se manejan bien, todos se benefician. Las dificultades se resuelven en lugar de barrerlas debajo de la alfombra, los cristianos maduros crecen en paciencia, y los jóvenes en la fe aprenden cómo resolvemos los desacuerdos de una manera constructiva y piadosa. El proceso de santificación nos bendice a todos.

7. Desarrolla modelos culturalmente relevantes de formación teológica

La mayoría de las iglesias esperan que el entrenamiento teológico se haga en los seminarios y los colegios bíblicos. Y aunque ese sistema tiene muchos beneficios, por lo general opera en contra de las personas de entornos pobres. Sencillamente no es un modelo efectivo para entrenar el número necesario de creyentes nativos para el ministerio en las áreas más pobres. A la mayoría no se les concedería la admisión, y muchos no querrían ir, ni tampoco serían capaces de darse el lujo de hacerlo aunque fueran admitidos.

En lugar de eso, necesitamos volver a la educación teológica de base adaptada al contexto particular de cada uno y dirigida por la iglesia local. Si las iglesias aceptaran la responsabilidad, estarían en una muy buena posición para combinar la educación doctrinal junto con la aplicación misiológica práctica y el desarrollo del carácter personal. Debemos encontrar la forma de combinar una educación teológica contextualizada que sea útil para nuestra gente y que sea retenida, gobernada y evaluada sobre el terreno por la iglesia local.

8. Establece equipos multiculturales

Dado el carácter siempre cambiante de las sociedades occidentales, en muchos lugares es difícil encontrar un núcleo cultural común. Una comunidad pobre, frecuentemente, es una mezcla de personas de todo tipo de antecedentes: la «clase baja» de siempre, las personas de clase media que pretenden aburguesar un vecindario, la clase trabajadora, y una creciente comunidad de inmigrantes. Muchos vecindarios son una interesante mezcla de lo que es la humanidad.

Para poder alcanzar diferentes lugares, deberíamos desarrollar equipos multiculturales. Esta clase de equipos puede mostrar algunas ineficiencias —véase la sección acerca de los conflictos de más arriba— pero, a largo plazo, serán más fuertes y más eficaces. Los equipos plurales tienen menos puntos débiles y una mayor variedad de experiencias, expectativas y personalidades. Pueden conectar de forma natural con un espectro más amplio de la comunidad. Nos gusten o no, son más atrayentes, y no hay nada más fuerte que un equipo de diferentes clases de personas y personalidades que trabajan juntos para la gloria del evangelio.

9. Sé consciente de tus prejuicios personales acerca del comportamiento

Debemos asegurarnos de que nuestro desarrollo de liderazgo traza líneas allí donde la Biblia las traza. Si un hombre o una mujer joven se convierte de un estilo de vida marcado por el abuso de drogas y la inmoralidad, y luego se orienta hacia el liderazgo en el ministerio, ¿cuáles serían unas expectativas realistas de cara a su comportamiento?

+ ¿Está bien para ellos ir con traje a la iglesia?
+ ¿Es necesario que dejen de fumar?
+ ¿Deben hablar como una persona instruida?
+ ¿Han de expresar sus alabanzas a Dios de determinada manera?

Debemos empezar a desentrañar lo que la Biblia dice acerca de nuestras preferencias culturales. Fumar es estúpido, pero no estoy seguro de que siempre sea un pecado. Echa un vistazo a cualquier foto de un seminario teológico de la década de 1940; casi todos los profesores estarán sosteniendo un cigarrillo. Sin embargo, muchas personas de clase media estarán dispuestas a condenar a aquellos que gastan el dinero en cigarrillos, mientras que serán indulgentes con alguien que se gaste al mes $100 en un Starbucks. Necesitamos esforzarnos para asegurarnos de que construimos nuestros equipos sobre el evangelio, no sobre la ley ni nuestros estereotipos culturales.

El pecado debe ser confrontado, por supuesto, pero debemos confiar en el Espíritu Santo de Dios para que haya verdadera convicción en la vida de alguien. Si no lo hacemos, entonces nos quedaremos con el juicio crítico, la desconfianza, la falta de amor, comprensión y paciencia de los unos con los otros.

10. Sé honesto acerca del costo

Las iglesias de las comunidades pobres no pueden darse el lujo de existir solo los domingos por la mañana. Venir a Cristo en los programas de viviendas tiene un alto precio; a menudo se asemeja a alguien que se convierte del Islam. La familia del nuevo creyente, junto con amigos y compañeros de trabajo, puede que no diga nada al principio esperando que esta nueva religión sea solo una moda pasajera. Pero a medida que pase el tiempo, la oposición aumentará hacia el individuo y la iglesia. Cuando un traficante de drogas o una prostituta viene a Cristo, sus vidas pueden llegar a estar en peligro. Los proxenetas, los pandilleros y las compañías abusivas no llevan nada bien el perder a las personas que les han servido a sus propósitos.

Por tanto, los nuevos creyentes necesitan algo más que una reunión semanal. Necesitan una nueva familia. Necesitan poder pasar el rato con nosotros, preguntarnos y orar con nosotros a diario. Van camino de experimentar una embestida espiritual de parte de Satanás, y necesitarán a sus hermanos y hermanas cerca de ellos en esos momentos oscuros. Un discipulado sin una profunda amistad es como ser miembro de un club.

CONCLUSIÓN

Ya sea que seamos pioneros en plantar, revitalizar o pastorear en lugares difíciles, necesitamos ancianos bíblicos y centrados en el evangelio que puedan moldear la salud espiritual y el crecimiento de la congregación. Obviamente, si tu congregación no tiene ancianos, o se opone abiertamente a ellos, lo anterior será difícil. Aun así, tan pronto como sea posible, haced la transición al liderazgo de los ancianos.

Por ejemplo, Ian, un plantador de iglesias en un lugar difícil de Inglaterra, lidera un pequeño grupo de nuevos creyentes que tratan de establecer una iglesia local. Debido a que carece de cristianos maduros, se ha asociado con *Niddrie Community Church* y voluntariamente se ha sometido a rendir cuentas a nuestro cuerpo de ancianos hasta que pueda crecer, discipular y entrenar a su propio cuerpo de ancianos. Esto es bueno para él porque (1) le da apoyo mutuo y aliento de parte de hermanos piadosos y experimentados, y (2) protege a este nuevo grupo de ser dominado por su propia personalidad y opiniones. Él tiene de esta manera una caja de resonancia más amplia, de parte de un grupo de hombres a los que puede acudir antes de tomar decisiones importantes por su cuenta. Más importante todavía, protege así a su grupo de ser demasiado dependiente de él y le posibilita tener el tiempo necesario para pensar en cómo desarrollar su discipulado y entrenamiento del liderazgo a la vez que la gente responde a la llamada de Cristo en sus vidas.

Mike y yo sabemos que no todo nos funciona bien. Y esperamos que el compartir algunos de nuestros errores, experiencias e indicios recogidos a lo largo del camino te pueda ayudar. Pero reconocemos también que la práctica a menudo queda por debajo de la teoría y que, por lo menos a este lado de la eternidad, la realidad sobre el terreno nunca coincidirá con los ideales que hay en nuestras mentes. Es más fácil escribir sobre estas cosas que vivirlas. Pero nuestra esperanza es que cualesquiera que sean tus dones, experiencias y oportunidades, consideres en oración cómo puedes ser parte de que el evangelio se extienda por medio de la iglesia local en los lugares difíciles.

¿PREPARARSE PARA EL MINISTERIO DE MISERICORDIA?

Sinceramente, no queríamos escribir este capítulo. Para la mayoría de los evangélicos, al pensar en el ministerio entre los pobres, la conversación empieza y acaba con hechos de servicio práctico y altruismo. Si una iglesia lleva a cabo ministerios de misericordia, ofreciendo cosas como un banco de alimentos, suministro de ropa o bolsas de comida para los niños de la escuela local, se presupone que están alcanzando a los pobres de la mejor manera posible.

Parte de nuestro propósito con este libro es sacar a los ministerios de misericordia del centro de la conversación. Queremos que el evangelio y la iglesia local ocupen ese lugar de privilegio porque creemos que es el lugar que ocupan en el plan bíblico de alcanzar al mundo para Cristo. Por tanto, algo contrario en nosotros quiso hacer una declaración simplemente al no mencionar a los ministerios de misericordia en absoluto. Sin embargo, creemos que los actos organizados de asistencia práctica pueden desempeñar un papel en una iglesia que trata de alcanzar a una comunidad necesitada, así que, aun a riesgo de alejarnos de nuestro principal propósito, exponemos algunas cosas con las que debes lidiar antes de abrir un comedor de beneficencia en tu iglesia.

LA IGLESIA TIENE UNA MISIÓN

El Cristo resucitado dio a su pueblo una misión: en el poder del Espíritu Santo, debían predicar el evangelio y formar iglesias con los nuevos creyentes. En Mateo 28:19-20, Jesús envía a sus discípulos a hacer discípulos de todas las naciones y a enseñarles a obedecer (véase el capítulo 3 para más información en cuanto a esto). En Hechos 1:8, Cristo dice a su pueblo que sirvan como sus testigos hasta los confines de la tierra. Así, aunque una iglesia puede hacer muchas cosas al servicio de esa misión, todo lo que hace debe estar dirigido al objetivo final: proclamar el evangelio y ayudar a las personas a crecer en obediencia a Dios. Starbucks vende café, Listerine fabrica enjuague bucal, y la iglesia sostiene el evangelio y forma a la gente para obedecer mediante la obra del ministerio. Si nosotros no lo hacemos, nadie lo hará. Si hacemos cualquier otra cosa, estamos saliéndonos del camino.[1]

LOS MINISTERIOS DE MISERICORDIA PUEDEN SERVIR A LA MISIÓN DE LA IGLESIA

Los ministerios de misericordia pueden ser una forma útil de que una congregación cumpla esa misión. Por ejemplo, pueden proporcionar oportunidades para que la gente obedezca a

Jesús de maneras prácticas. Cuando los corazones de las personas son cautivados por la compasión de Cristo, su crecimiento en la piedad, en parte, puede tomar forma al tener un mayor cuidado por las cargas físicas y emocionales de los necesitados. Al fin y al cabo, la Biblia está llena de instrucciones para que los cristianos sean personas caritativas, generosas y misericordiosas. En ese sentido, un banco de alimentos o un programa de rehabilitación de las drogas y el alcohol pueden ser fruto de una iglesia llena de cristianos que obedecen a Jesús.

Las obras de misericordia también pueden mostrar el poder que tiene el evangelio para cambiarnos. Cuando ayudamos a nuestro prójimo, evidenciamos que nuestro mensaje es verdadero. Si afirmamos que el evangelio tiene el poder de cambiar vidas, entonces nuestra misericordia es una de las cosas que lo demuestra. En un mundo donde la mayoría de las personas se preocupan y cuidan de sí mismas, los cristianos tienen la oportunidad de sorprender a otros con nuestro inexplicable amor y servicio desinteresado.

Cuando ayudamos a otros de manera práctica, estamos reconociendo que Dios nos creó como seres físicos. El estado de nuestra carne tiene un gran impacto en nuestras vidas. La vida es más difícil cuando tenemos hambre, frío, intoxicaciones, enfermedades o estamos en peligro. Por tanto, la proclamación del evangelio que no reconoce los factores físicos que operan en la vida de sus oyentes corre el riesgo de parecer sorda e insensible. Es importante que reconozcamos que nuestras necesidades nos dominan y que, a veces, nuestras mayores necesidades no son realmente las más urgentes. Así que, podemos decir con confianza que la mayor necesidad de todo ser humano es reconciliarse con Dios a través de la fe en Cristo. Pero, si alguien llama a tu puerta con una herida abierta en la cabeza, esa necesidad, aunque menor, debe ser atendida. Primero has de curar la herida en la cabeza y luego, debes compartir el evangelio.

También es importante reconocer que los ministerios de misericordia pueden generar oportunidades para compartir el evangelio. A todos nos gusta estar cerca de personas que son amables con nosotros, que se interesan por nuestras vidas, y que demuestran un verdadero deseo de ayudarnos. Así que, dar atención práctica a los demás es una manera sencilla de tender puentes con tu comunidad. Aquí tienes algunos ejemplos de la iglesia de Mike:

+ Un plantador de iglesias que ministra entre trabajadores pobres, lleva algunas bolsas con alimentos con él cuando va a visitar a la gente en sus hogares. Esa ayuda hace mucho para consolidar una amistad en la que el evangelio pueda ser compartido.

+ La gente de la iglesia ayuda a niños muy pobres de una escuela primaria local. Los miembros de la iglesia entablan relaciones con los alumnos y sus familias y los invitan a involucrarse con una iglesia de su zona.

+ Cada semana, un grupo de adolescentes de alto riesgo son invitados a la iglesia. Comen, tienen la oportunidad de pasar un rato con sus amigos en un ambiente seguro, y la posibilidad de construir relaciones con adultos que ofrecen un ejemplo positivo. Cada semana escuchan una lección de la Biblia que imprime el evangelio en sus vidas.

Por supuesto, todos debemos compartir a Cristo con las personas cuyas vidas se cruzan de forma natural con las nuestras, personas tales como vecinos, amigos y compañeros de trabajo. Pero acercarnos a las personas necesitadas por medio de obras de misericordia provee oportunidades para construir relaciones con aquellos con quienes posiblemente nunca entraríamos naturalmente en contacto.

LOS MINISTERIOS DE MISERICORDIA SON PELIGROSOS

Dicho todo esto, somos muy precavidos en cuanto a la manera en que muchas iglesias abordan sus ministerios de misericordia. Francamente, la mayoría de las iglesias que vagan por las agrestes regiones de ayudar a los pobres de manera práctica terminan haciendo más mal que bien. Si bien este no es el caso en toda situación, aquí están algunas de las cosas que hemos visto sobre el terreno y que nos llevan a reflexionar:

1. Es fácil abusar de los ministerios de misericordia. Viví —Mez— en las calles en mi adolescencia y en la primera parte de mis veinte. Siempre podía encontrar lugares en los que me dieran el desayuno, ropa limpia, una ducha y algo de comida. Aquellos de nosotros que vivimos y respiramos dentro de esa subcultura, en gran parte invisible, sabíamos cómo aprovecharnos del sistema. Sabíamos exactamente qué hacer y qué decir para conseguir las cosas que queríamos con el mínimo compromiso. Las iglesias eran objetivos particularmente óptimos porque las personas eran generalmente agradables, amables, menos experimentadas que las agencias gubernamentales, y todo lo que teníamos que hacer era sentarnos durante alguna charla acera de Dios y tal vez llevarnos algún folleto. Así podíamos salirnos con la nuestra. El flujo constante de preguntas podía resultar irritante, pero, una vez que descubrimos lo que la gente de la iglesia quería oír, podíamos manejarlos fácilmente. Ellos conseguían decir lo que deseaban acerca de Dios y ser amables con una persona pobre, y nosotros conseguiríamos lo que queríamos. Lo que parecía un próspero ministerio de misericordia era realmente un blanco fácil para gente egoísta.

2. *Los ministerios de misericordia respaldan el pecado.* Si bien esto no es cierto en todos los casos, tenemos que ser honestos: una parte significativa de las personas que se benefician de los ministerios de misericordia de las iglesias están llevando estilos de vida pecaminosos. Alimentar a un hombre perezoso alienta su pecado y le permite evitar las consecuencias de sus acciones. Darle ropa a un drogadicto puede estar proporcionándole tan solo algo que vender para así poder comprar su siguiente dosis. Proporcionar refugio a una persona sin hogar podría estar aplacando su motivación de reconciliarse con su familia.

Si le das a un hombre un pez, no solo regresará al día siguiente buscando más, sino que también correrás el riesgo de estar reforzando los mismos problemas que le motivaron a venir a buscar caridad en un principio. En otras palabras, una cosa es dar comida a una persona que está trabajando —o que quiere trabajar, pero es incapaz— y que simplemente tiene hambre, y otra muy distinta es darle de comer a una persona cuyo pecado le lleva a no trabajar, y que pide caridad porque piensa que se la merece. En esta última situación, puedes estar en riesgo de afirmar y propiciar el pecado de esas personas y, por tanto, estás respaldando su pecado involuntariamente.

3. *Los ministerios de misericordia pueden ser paternalistas y egoístas.* Si somos sinceros, la mayoría de los ministerios de misericordia no van mucho más allá de hacer que las personas que los gestionan se sientan bien. La mayoría de los ministerios de misericordia de las iglesias están dirigidos por personas de clase media que aman a Jesús, y que a menudo les motiva una mezcla de intenciones piadosas y culpa injustificada. En vez de ayudar realmente, son muchos los ministerios de misericordia que se contentan con hacer cosas que meramente tienen la apariencia de estar ayudando a la gente. El resultado final es un programa que hace que la gente dependa de los folletos y de la ayuda de personas que están «por encima» de ellos en el escalafón social. No hay mucho fruto permanente proveniente de estos ministerios, pero nadie quiere suprimirlos para no parecer indiferentes a las necesidades de los pobres.

Nick Saul, el activista canadiense contra la pobreza, causó un gran revuelo en todo el mundo con las siguientes declaraciones acerca de los bancos de alimentos. Los criticó por tratarse de «personas privilegiadas ayudando a los menos privilegiados, y perpetuando una atmósfera de nosotros y de ellos».[2] Saul cree que los bancos de alimentos tradicionales no ayudan a los necesitados. La comida que proporcionan es a menudo de mala calidad, y el procedimiento no hace nada por contribuir a la dignidad o a la autoestima de los beneficiarios, conseguirles un trabajo, ayudarlos a salir de la pobreza, o mejorar su salud y bienestar. El hambre inmediata de la gente queda satisfecha, pero eso no dura mucho tiempo. Y ahí viene su inquietante comentario acerca de la mayoría de los bancos de alimentos: «Los únicos que no se benefician son aquellos por los que se instituyó esta ayuda. La mayoría de las personas que tienen que visitar los bancos de alimentos dicen que son una lenta y dolorosa muerte del alma».[3]

Hay pocas cosas más tristes que ver en este mundo que un cliente habitual de un comedor de beneficencia. ¡Es una farsa! Muy a menudo, no se está llevando a las personas a una autosuficiencia digna; no se les está ayudando realmente. No están siendo confrontados ni equipados para ayudarse a sí mismos. Así que, tenemos que preguntarnos: ¿si estos ministerios de misericordia en realidad no satisfacen las necesidades de los pobres, cuáles están satisfaciendo?

4. *Los ministerios de misericordia entorpecen el avance de la misión.* Tal vez, el mayor peligro sea que los ministerios de misericordia puedan estar distrayendo a la iglesia de su principal misión. Los ministerios de misericordia son oportunidades de servicio atractivas para los cristianos. Probablemente tendrás el doble de voluntarios para un día de trabajo en un comedor benéfico que en una formación acerca de cómo evangelizar. Al fin y al cabo, el mundo nos aplaudirá si alimentamos a los pobres. Alimentar a los pobres nos hace sentir bien con nosotros mismos. Tal vez —si somos honestos— incluso nos hace sentir que somos mejores que todas las otras personas que no se

ofrecieron voluntarias. Pero la evangelización y el discipulado no siempre proporcionan esa misma ráfaga de satisfacción. A menudo suponen rechazo y conversaciones incómodas. Existe la tentación real de contentarnos con satisfacer simplemente las necesidades físicas. Pero eso es como la cola agitando al perro. Lo que más necesitan los pobres es el evangelio de Jesucristo —véase el capítulo 1—, y la iglesia es el medio por el cual ese evangelio es proclamado. Si nosotros no lo hacemos, no sucederá. Por tanto, cualquier iglesia que trabaje en zonas pobres debe ser vigilante y asegurarse de que no se desvía de su obra salvadora.

DESEMPEÑAR BIEN UN MINISTERIO DE MISERICORDIA ES DIFÍCIL Y CONSUME MUCHO TIEMPO

Como hemos dicho, no nos oponemos a los ministerios de misericordia. Tan solo decimos que si vamos a ponerlos en marcha, tenemos que hacerlo de una manera afín a la misión de la iglesia. Si lo hacemos, tendremos que estar preparados para invertir mucho tiempo y esfuerzo.

Esto variará según el contexto, y tal vez de una época a otra en la vida de tu familia. Pero sin importar cómo, significará que los cristianos tendrán que dedicar tiempo, pues las relaciones requieren mucho tiempo. Nos parece mucho más sencillo donar productos enlatados y así sentirnos mejor con nosotros mismos, ¿verdad? Pero también estamos llamados a donar tiempo. En mi caso, esto ha implicado cosas como organizar un estudio bíblico y una cena para personas sin hogar y jugar al fútbol con adolescentes latinoamericanos.

Cuando el Señor bendice nuestros esfuerzos al evangelizar y vemos el fruto, tenemos que estar preparados para discipular a los nuevos convertidos y ayudarlos a comprometerse y a ministrar plenamente en la vida de la congregación. Pero si hemos iniciado un ministerio de misericordia sin planificar más allá de la etapa de intervención de crisis, nunca pasaremos de las primeras etapas del discipulado a los necesitados. Por tanto, las iglesias deben planificar a través de ramificaciones a largo plazo en su ministerio entre los pobres. Debemos pensar acerca de lo que vamos a hacer con alguien que llega a la fe mediante un ministerio de misericordia. ¿Cuál es la estrategia de discipulado? ¿Quién cuidará de ellos? ¿Quién los guiará a la rendición de cuentas? ¿Cómo los haremos avanzar en su caminar con Jesús? ¿Cómo los prepararemos para las obras de servicio a las que Dios los ha llamado una vez que han sido salvos? ¿Cómo identificaremos y capacitaremos a los antiguos narcotraficantes, personas sin hogar y a los depredadores sexuales a los que el Señor está llamando a un ministerio a tiempo completo?

En *Niddrie Community Church*, el Espíritu Santo de Dios está obrando trayendo a muchos a la fe de toda la comunidad. La estructura de la iglesia tiene una clara trayectoria desde la evangelización, pasando por el discipulado inicial, hasta el servicio que honra a Dios, ya sea en el lugar de trabajo o en el ministerio vocacional. Algunos de los que están en el programa de entrenamiento interno, han sufrido abusos sexuales, han sido abandonados, fueron adictos o diagnosticados como enfermos mentales; otros provienen de trasfondos estables y amorosos. De las personas que están recibiendo entrenamiento teológico, por lo menos dos tercios provienen de un trasfondo de adicción, desamparo, enfermedad mental o abusos.[4] De hecho, el mismo Mez es el resultado de una iglesia local que invirtió mucho en su vida después de haberlo alcanzado en las calles, tras pasar un tiempo en la cárcel. Este es realmente el corazón del asunto. ¿Nos contentamos con solo alimentar a las personas hambrientas? Eso es bueno, pero es menos que el amor cristiano al completo. ¿Nos contentamos con solo compartir el evangelio con la gente? Eso es mejor que dar comida, pero sin embargo no es el final del trabajo. No, el amor cristiano desea ver en las vidas de las personas lo mismo que Dios desea ver en ellos: una ferviente y fiel obediencia a Cristo. Así que, considera el costo. Si no estás dispuesto a invertir tiempo para finalizar la tarea, será mejor que no inicies un ministerio de misericordia.

CONCLUSIÓN

Hay diferentes clases de «lugares difíciles», y las iglesias necesitan descifrar los suyos. En un lugar como Escocia, en el que generaciones de personas han sido educadas y sostenidas por medio de programas de beneficencia, encontramos una fuerte mentalidad de ayuda social. Una iglesia allí está en grave peligro de permitir que la gente permanezca en su pecado de aprovecharse de otros. Una iglesia podría decidir repartir peces, pero también podría decidir contradictoriamente ofrecer la caña de pescar del evangelio y no pescar, al menos programáticamente. Los ancianos y la membresía pueden ofrecer pescado personalmente y en privado, pero eso obliga a que esa ayuda siempre ocurra en el contexto de las relaciones. De esta forma, cuando te encuentres con la versión de adolescentes al estilo de Mez, les darás una comida, pero ¡tendrán que comerla contigo!

Los inmigrantes de Virginia del Norte, por otro lado, poseen una fuerte ética del trabajo, pero las apremiantes necesidades domésticas, los bajos salarios y las oportunidades inconsistentes a menudo conspiran para crear extrema pobreza. Una iglesia en ese contexto —como la de Mike— podría tener más oportunidades de mostrar el amor de Cristo entregando tanto pescado como cañas de pescar. Si vas a poner en marcha un ministerio de misericordia en la iglesia, debes considerar con oración tu contexto, evaluar permanentemente el trabajo que estás haciendo y estar dispuesto a amoldarte a la luz de la realidad sobre el terreno.

Como dijimos antes, éramos reacios a escribir este capítulo. Nos damos cuenta de que escribir algo negativo acerca de los ministerios de misericordia hará que parezcamos del partido republicano —no lo somos— o unos cerdos (cosa que solo uno de nosotros es). Pero nuestro mensaje no carece de amor ni es descortés. Estamos muy agradecidos a las personas que sirven sacrificialmente a las necesidades de los pobres, los sin techo, los enfermos mentales, y otras personas «en riesgo» de nuestras comunidades más necesitadas. Estos hermanos deben ser aplaudidos y apoyados por todos los pastores y cristianos en general. Únicamente, lo que no queremos, es ver que la iglesia se enfoca en satisfacer las necesidades prácticas, desviándose así por completo de su misión llena de gracia.

CALULA EL COSTO...
Y LA RECOMPENSA

Déjame —Mike— contarte dos historias. Hace unos años, mi esposa y yo estábamos considerando convertirnos en padres adoptivos. Trabajar con niños vulnerables de nuestra comunidad había producido la carga en nosotros de ofrecer un lugar seguro para niños que viven bajo terribles circunstancias. Algunos de los jóvenes con los que habíamos forjado relaciones por medio de la iglesia tenían hijos, y a la luz de sus condiciones de vida y total falta de apoyo en el hogar, nos veíamos hablando regularmente con los servicios de protección infantil acerca del bienestar tanto de las madres como de los bebés. Convertirse en padres de acogida nos pareció una gran manera de conectar con nuestro campo misionero. A fin de cuentas, cuando los servicios de protección infantil vieran necesario llevarse a un niño de nuestro vecindario de su hogar, podrían reubicarlo con nosotros. Ya teníamos una relación

—o por lo menos unos pocos grados de separación relacional— con muchas de estas familias, por lo que creíamos que alojar a un niño con nosotros podría ser menos traumático para la familia y una buena oportunidad de captar a las personas con el evangelio.

A medida que esta idea comenzó a ganar fuerza, Karen y yo buscamos el consejo de otros de nuestra iglesia. Muchas de las respuestas estaban en la línea de lo que se podría esperar; en algún lugar entre lo ligeramente alentador —«creo que es estupendo»— y lo ligeramente desalentador («¿Realmente crees que hay espacio en tu vida para eso?»). Pero en general, la gente se ofreció a apoyarnos si decidíamos seguir adelante con ello.

Pero una clase de reacción realmente hizo mella en nosotros. Sintetizándola: «¿Por qué odiáis tanto a vuestros hijos?». Una persona habló extensamente acerca de cómo no podría soportar lo traicionados y descuidados que se sentirían sus hijos si llevara un niño de acogida a su hogar. Otra nos preguntó cómo podíamos siquiera pensar en introducir la impiedad y la disfunción en nuestro frágil ecosistema familiar. Aun otra, se mostró preocupada porque estábamos sacrificando el bienestar de nuestros cinco hijos en el altar de las ambiciones ministeriales.

Soy por naturaleza —¿caída?— antagonista. Si me dices que no puedo o no debo hacer algo, dándome una basura de razonamiento, entonces me harás querer hacerlo un 1.000 por ciento más. Pero mi esposa tiene un corazón y una conciencia, por lo que a ella le afectaron mucho tales críticas. Al final, había un ápice de verdad en todas ellas. Ciertamente, tener un hijo adoptivo sería un impacto para nuestros hijos. Supondría un estrés adicional en nuestro tiempo y dinero; podría haber problemas de conducta significativos y preocupantes. No se nos ocurría ningún escenario en el que introducir un extraño en el entramado de nuestra familia no tuviera un determinado efecto en nuestros hijos.

Así que, ¿cómo tomar tal decisión? Por un lado, teníamos la visión —sin duda exageradamente romántica— de intervenir para salvar a un niño en terribles circunstancias. Por otro lado, nos enfrentamos a la posibilidad —sin duda excesivamente temerosa— de que nuestros hijos crecieran odiando a Jesús y, al cabo de los años, obtuvieran su venganza dejándonos morir en una residencia de ancianos de segunda.

Al final, terminamos convirtiéndonos en padres adoptivos. Poco después, se instaló con nosotros una adolescente de Centroamérica. Su padrastro, al volver a su país, la había vendido a unos hombres de un estado vecino (en los Estados Unidos). Se las arregló para escapar de la habitación en la que estaba encerrada, y había estado viviendo en un refugio para jóvenes sin hogar en un pueblo cercano al nuestro. Vivió con nosotros durante seis meses y, la verdad, fue muy difícil. Ella no hablaba inglés, y nosotros no hablamos español. Era una niña muy dulce, pero tenía mucho temperamento. Nuestros hijos eran pequeños entonces, y tener una adolescente en la casa fue un shock en general. Hubo lágrimas.

Pero también fue muy bueno. Esta joven oyó el evangelio una y otra vez. Lo vio en acción en la vida de nuestra familia y en la de nuestra iglesia. Recibió atención física y emocional, quizá por primera vez en su vida. No hay duda de que tendrá que seguir nadando río arriba previsiblemente en el futuro. Pero no tengo ninguna duda de que el Señor nos usó para cumplir sus propósitos en su vida. Me alejé de esa experiencia pensando: «Estoy muy contento de haberlo hecho».

Bueno, vamos con otra historia. Un poco después de que la joven dejara nuestra casa, el condado llamó de nuevo. Esta vez, necesitaban alojar a un niño de once años con autismo. Su ambiente familiar era errático, y no estaba recibiendo la atención médica y dental necesaria. En un ambiente favorable y estable, podría ser capaz de crecer y convertirse en alguien que podría desenvolverse en un contexto social más amplio. Pero, tal y como estaban las cosas, el abandono y el abuso en el hogar estaban empujándolo cada vez más hacia dentro de él.

Una vez más, decidimos pedir consejo. En un almuerzo mensual para los ancianos de nuestra iglesia, sus esposas e hijos, les contamos a todos lo que estábamos contemplando llevar a cabo. Estos son nuestros compañeros más cercanos en el ministerio, los hombres y mujeres en cuya sabiduría confiamos más. Y todos fueron unánimes en su consejo: no debíamos aceptar esa posibilidad. Amablemente, señalaron todas las maneras en las que nuestras vidas ya estaban acercándose al punto de ruptura. Plantearon todas las apremiantes necesidades de nuestra iglesia, las necesidades de nuestros propios hijos y toda una serie de factores estresantes que habíamos afrontado desde nuestra última experiencia de adopción. Tenían claro que no era una idea sabia.

Esa noche, Karen y yo procesamos la conversación del almuerzo. El condado necesitaba una respuesta a la mañana siguiente y, mientras orábamos y hablamos acerca de ello, decidimos aceptar. Esto supuso ir en contra del consejo de las personas en las que confiábamos, pero sentíamos que necesitábamos estar dispuestos a pagar el precio de servir a Cristo y servir a los necesitados. Karen tiene una gran experiencia médica, así que parecía que estábamos particularmente cualificados para ayudar a este niño indefenso. ¿Cómo podíamos dejarlo de lado? Nos fuimos a la cama esa noche decididos a llamar al condado por la mañana y hacer los ajustes pertinentes para que el niño fuera alojado en nuestra casa a la semana siguiente.

Cuando me desperté a la mañana siguiente, el primer pensamiento post-café que pasó por mi mente fue, «¿En qué estamos pensando?». No podíamos hacer eso. De repente, estaba completamente seguro de que aquella era una idea terrible. No teníamos la capacidad para adquirir tal compromiso. Los daños colaterales en otros aspectos de nuestras vidas serían significativos. Cuando fui a hablarle a Karen acerca de mi cambio opinión, antes de que pudiera decir una sola palabra, ella dejó escapar: «No podemos hacer esto». De repente lo vimos con claridad; llamé al condado y rechacé el ofrecimiento.

Una semana después, Karen se cayó y se fracturó la espalda. Estuvo en el hospital toda una semana y luego estuvo en cama por un tiempo. Y en algún momento, en medio de todo el caos generado por esa emergencia, recuerdo haber pensado: «Gracias al Señor, por no haber adoptado a un niño autista para que viva con nosotros en estos momentos». Si lo hubieran alojado con nosotros, seguramente habría tenido que soportar el trauma de ser trasladado a otro hogar al mismo tiempo que Karen se recuperaba. Para mí está claro que el Señor nos libró —y a ese niño— de una situación terrible.

Entonces, ¿cómo saber dónde trazar los límites cuando se trata de servir a personas difíciles en lugares difíciles? Teniendo en cuenta que las necesidades son infinitas y la llamada al sacrificio es extrema, ¿cuándo es aceptable negarse a las oportunidades de servir? ¿Cómo has de proceder para ver el evangelio extenderse entre las personas necesitadas de tu comunidad? ¿Deberías buscar oportunidades en otros lugares? Las respuestas a este tipo de preguntas pueden no ser fáciles ni obvias, pero aquí tienes cuatro principios que pueden guiarnos a medida que vamos tomando decisiones.

PRINCIPIO 1:
DIOS NO TE NECESITA

Una de las cosas que distinguen al verdadero Dios del universo de los ídolos de las naciones es su autosuficiencia. Los ídolos de las naciones son totalmente impotentes (Sal. 115:4-7). Estos, necesitan ser llevados a todas partes por sus artífices (Is. 46:7). Pero hay algo en la condición humana que prefiere a dioses como estos. Nos gusta tener el control. Nos gusta pensar que Dios nos necesita o que está en deuda con nosotros o que podemos manipularlo por medio de nuestro comportamiento. Pero, en su mensaje a los atenienses, el apóstol Pablo corrige este concepto erróneo acerca de la naturaleza de Dios: «El Dios que hizo el mundo y todas las cosas que en él hay, siendo Señor del cielo y de la tierra, no habita en templos hechos por manos humanas, ni es honrado por manos de hombres, como si necesitase de algo; pues él es quien da a todos vida y aliento y todas las cosas» (Hch. 17:24-25).

Lo que Pablo está diciendo es de suma importancia, especialmente para quien esté pensando en el ministerio entre los pobres. El verdadero Dios del universo es independiente; él no necesita nada, incluyendo tu servicio o el mío. Así que, necesitamos que se afiance en nuestras mentes desde el principio que, aunque Dios puede escoger usarnos para lograr sus propósitos, finalmente, la extensión del evangelio entre los pobres nunca dependerá de nosotros. Los lugares difíciles de tu mundo no necesitan que seas su salvador; Dios ya les ha dado uno. Dios no envía a su pueblo al ministerio porque no pueda hacer el trabajo por sí mismo. Más bien, él ha escogido bendecirnos generosamente al darnos la oportunidad de llevar a cabo el ministerio entre los pobres. Tenemos el privilegio de participar en la obra que Dios está haciendo en este mundo.

Si no tienes esto claro de antemano, lo más probable es que te quemes o te vuelvas un amargado cuando no veas fruto inmediato por tus labores o cuando la gente no aprecie lo que estás haciendo por ellos. Si pones la carga de salvar a las personas sobre ti, te darás cuanta de inmediato de que no estás a la altura de esta tarea. Si te imaginas que el Dios del cielo está retorciéndose las manos, mientras espera que te esfuerces y hagas el trabajo, entonces, tus fracasos amenazarán con aplastarte y tus aparentes éxitos te conducirán al orgullo.

PRINCIPIO 2:
TODO DISCIPULADO CRISTIANO TIENE UN COSTO

Jesús dijo algunas cosas que suenan dulces y cariñosas a nuestros oídos: cosas como «ama a tu prójimo» y «todas las cosas que queráis que los hombres hagan con vosotros, así también haced vosotros con ellos». Ese es un tipo de religión que la mayoría de la gente acepta. Podemos encaminarnos hacia el ministerio entre los pobres basándonos en esa clase de mandamientos, y está bien hasta donde es posible.

Pero Jesús también dijo algunas cosas genuinamente radicales, cosas que alienaron a buena parte de su audiencia y pintaron un cuadro muy extremo acerca de lo que significa seguirlo. Fíjate tan solo en estos tres ejemplos extraídos del Evangelio según Lucas:

> Y decía a todos: Si alguno quiere venir en pos de mí, niéguese a sí mismo, tome su cruz cada día, y sígame. Porque todo el que quiera salvar su vida, la perderá; y todo el que pierda su vida por causa de mí, éste la salvará. Pues ¿qué aprovecha al hombre, si gana todo el mundo, y se destruye o se pierde a sí mismo? (Lc. 9:23-25)

> Yendo ellos, uno le dijo en el camino: Señor, te seguiré adondequiera que vayas. Y le dijo Jesús: Las zorras tienen guaridas, y las aves de los cielos nidos; mas el Hijo del Hombre no tiene dónde recostar la cabeza. Y dijo a otro: Sígueme. Él le dijo: Señor, déjame que primero vaya y entierre a mi padre. Jesús le dijo: Deja que los muertos entierren a sus muertos; y tú ve, y anuncia el reino de Dios. Entonces también dijo otro: Te seguiré, Señor; pero déjame que me despida primero de los que están en mi casa. Y Jesús le dijo: Ninguno que poniendo su mano en el arado mira hacia atrás, es apto para el reino de Dios. (Lc. 9:57-62)

> Grandes multitudes iban con él; y volviéndose, les dijo: Si alguno viene a mí, y no aborrece a su padre, y madre, y mujer, e hijos, y hermanos, y hermanas, y aun también su propia vida, no puede ser mi discípulo. (Lc. 14:25-26)

Podríamos decir muchas cosas acerca de estos pasajes, pero para nuestro propósito lo importante es tener en cuenta el cuadro más amplio que Jesús está pintando: ser su discípulo es costoso. No hay un programa «sin sacrificios» al que uno pueda inscribirse. Si vas a seguir a Jesús, para servirle, has de subir a bordo, sin importar el costo. Si Jesús es el Señor, entonces debe ser el principio controlador de todos nuestros proyectos y decisiones. Para decirlo sin rodeos, esto significa que no podemos decir «no» tan solo porque el ministerio entre los pobres pueda ser costoso o nos dé miedo. Seguir a Jesús significa que podríamos llegar incluso a perder nuestras vidas, y cualquiera que no está dispuesto a ello, no puede ser su discípulo.

Esta verdad ha sido entendida por generaciones enteras de misioneros que han llevado el evangelio a lugares peligrosos. Esta verdad los sostiene cuando entierran a sus esposas e hijos en el campo misionero. Esta verdad los consuela mientras renuncian a sus propias vidas. Esta verdad nos confronta, particularmente cuando pensamos en el impacto que ministrar entre personas necesitadas puede tener en nuestras familias. Ninguna parcela de nuestras vidas está fuera de los límites de Jesús. Nada es «nuestro» al final. Por tanto, ¿cómo sería tu vida y tu obediencia a Cristo si no tuvieras miedo por lo que podrías perder?

Puedo oír la objeción: «¡Pero como padre, mi prioridad es evangelizar y discipular a mis hijos! Pareces estar diciendo que debo dedicar tiempo y energías alejado de esa tarea». Bueno, sí… y sí. Los padres deben evangelizar y discipular a sus hijos. Pero, ¿hay algo más evangelísticamente efectivo que una madre o un padre muestren a sus hijos que Jesús es el mayor tesoro que hay? Tal vez, parte de ser un buen padre es enseñar a un hijo que aunque a él o a ella se le quiere mucho, no son lo mejor de este mundo; Jesús lo es. Viviendo una vida de sacrificio delante de nuestros hijos, les mostramos cómo es el discipulado cristiano. Si nunca nos sacrificamos o aceptamos una situación difícil por temor a que esto pueda costarles algo a nuestros hijos, evidenciaremos que aparte de lo que podamos decir con nuestros labios, ellos, y no Jesús, son nuestra máxima prioridad.

Desde luego, en esto se requiere sabiduría. No estoy animando a los hombres a pasar horas interminables lejos de sus esposas e hijos. «¡Es por el ministerio, familia!». ¿Cuántas esposas e hijos de líderes cristianos han terminado resentidos con la fe porque un esposo o padre parecía estar más preocupado por el ministerio que por ellos?

Además, no estoy diciendo que el sacrificio sea un fin en sí mismo. El objetivo no es buscar lo más sacrificado que haya y entregarnos a ello. No todos estamos llamados a hacer nuestro equipaje y e irnos a predicar al aire libre en Pyongyang. Hay poca virtud en abrazar el peligro, el dolor o el sacrificio por sí mismos.

Pero para la mayoría de nosotros, ese no es el acantilado por el que vamos a caer. Como pastor, no sufro de un flujo abrumador de miembros de mi iglesia que estén sacrificándose demasiado. Sin embargo, muchos de nosotros somos tentados a convertir a nuestros hijos en ídolos, anteponiendo su comodidad y deseos muy por encima de los de Cristo. Siendo claros, no estoy llamando a un «equilibrio» entre el trabajo y el ministerio. Estoy llamándote a que te entregues completamente al ministerio, a que te entregues completamente a tu familia, y permitas que tu esposa e hijos experimenten ambos *contigo*. Y por lo general, esto significará que tendrán que sacrificar algo de lo que este mundo dice que tienen derecho a tener.

PRINCIPIO 3:
NO TODO SACRIFICIO ES ESTRATÉGICO

Como hemos dicho, puede ser difícil saber lo que se supone que debemos hacer en una determinada situación. Existe la tentación —lo admito, una que me encanta encontrar en mi congregación— de tomar el retrato que hace Jesús del discipulado extremo e intentar obedecerlo de manera extrema. Y aunque eso pueda ser una buena idea de vez en cuando, y también pueda haber muchas buenas motivaciones en ese impulso, a veces los cristianos no tienen claras las formas en las que mejor pueden dedicar sus vidas a la extensión del evangelio.

Déjame mostrarte lo que quiero decir. Fíjate en dos miembros de una iglesia:

+ Charles es un *nerd* de la tecnología. Gana un montón de dinero desarrollando software, pero se siente más que incómodo relacionándose en sociedad. Es una persona amable, pero también es tímido y tiende a decir lo incorrecto cuando se pone nervioso.

+ Linda es empleada de un supermercado. Es capaz de ganarse la vida para ella y sus dos hijos, pero es una evangelista muy fructífera. Tiene un don para entablar relaciones con incrédulos e iniciar conversaciones acerca de Cristo. Parece atraer a la gente necesitada.

Ahora, supongamos que un domingo en la iglesia, Charles y Linda escuchan un gran sermón acerca del costo del discipulado. Ambos están convencidos de que el Señor les está llamando a dedicar más de sus vidas para extender el evangelio entre los pobres y necesitados en su zona. Así que Charles decide dejar su trabajo y comenzar a enseñar en la escuela en un barrio pobre que su iglesia está tratando de alcanzar con el evangelio. Linda decide que debe empezar a hacer doble turno laboral en el supermercado para conseguir un dinero extra que pueda donar a los pobres.

¿Qué hay de malo en esta imagen? Ambos cristianos viven de manera radical; ambos han respondido al llamado al discipulado extremo con un acto de obediencia. Pero no está muy claro que Charles o Linda estén actuando sabiamente. Se están sacrificando, sí, pero no necesariamente lo están haciendo estratégicamente. No están tomando en consideración cómo el Señor los ha hecho, los dones que les ha dado y cómo pueden usar más efectivamente esas cosas conforme al propósito de difundir el evangelio entre los necesitados.

Charles es realmente bueno ganando dinero. Así que a la vez que se esfuerza por ser un mejor evangelista, estaría muy bien posicionado para usar sus dones ayudando a financiar la extensión del evangelio y el alivio de los pobres. Linda, por otro lado, es muy buena conectando con la gente. Así que, mientras piensa cómo su familia es capaz de ofrendar más dinero por causa del evangelio, la mejor manera de sacrificarse no es haciendo más horas cobrando el salario mínimo. En lugar de eso, podría buscar la manera de disponer de más tiempo para estar cerca de las personas necesitadas en su localidad. Aquí es donde estar involucrado en una iglesia local es importante. En una iglesia, habrá variedad de dones, fortalezas, obligaciones y recursos. Trabajando juntos, las iglesias pueden valorar cómo cada uno encaja mejor en el panorama general y cómo sacrificialmente pueden desplegar sus dones dados por Dios para que su localidad sea alcanzada por el evangelio.

PRINCIPIO 4:
EL SACRIFICIO Y EL SERVICIO SON LA SENDA HACIA EL GOZO FINAL

Piensa en lo que sucede cuando alguien invierte su dinero en el mercado de valores. Esta persona toma una cantidad de la que dispone —digamos, $1.000— y sacrifica todo aquello en lo que podría disfrutar a corto plazo (por ejemplo, un montón de tacos, o los videojuegos más recientes, o ropa bonita). En lugar de «adquirir» todos los beneficios que los $1.000 podrían aportarle ahora, invierte ese dinero con la esperanza de tener una cantidad mayor en el futuro (digamos, $1.500 en diez años).

De la misma manera, un cristiano está llamado a invertir su vida en esta tierra. Tenemos recursos —tiempo, habilidades, dinero— que podemos usar para tener bienestar y placer ahora, o podemos invertirlos en la causa de Jesús. Ahora bien, puede que no valga la pena esperar diez años por un rédito de inversión de $500, pero pregúntate: ¿crees que vale la pena invertir todo lo que tienes en la obra de Cristo? ¿Ofrece un buen rédito esta inversión? Para responder a esa pregunta, observa la conversación que leemos en Mateo 19:

> Entonces respondiendo Pedro, le dijo: He aquí, nosotros lo hemos dejado todo, y te hemos seguido; ¿qué, pues, tendremos? Y Jesús les dijo: De cierto os digo que en la regeneración, cuando el Hijo del Hombre se siente en el trono de su gloria, vosotros que me habéis seguido también os sentaréis sobre doce tronos, para juzgar a las doce tribus de Israel. Y cualquiera que haya dejado casas, o hermanos, o hermanas, o padre, o madre, o mujer, o hijos, o tierras, por mi nombre, recibirá cien veces más, y heredará la vida eterna. (Mt. 19:27-29)

Pedro lo dejó todo para seguir a Jesús. Comprendes ahora por qué estaba tan interesado en tener una aclaración. Así que Jesús afirma que, de hecho, Pedro había invertido sabiamente. Sacrificar posesiones, bienes raíces y la familia dará un enorme rédito eterno a la inversión.

Si pudieras volver atrás en el tiempo y comprar acciones de una empresa como Apple o Google, estarías loco si no lo hicieras. Es algo seguro; son acciones «seguras». De hecho, estarías loco si no liquidaras todos tus fondos en invirtieras todo lo posible en una de esas compañías. De la misma manera, debemos invertir todo lo que tenemos en el nombre de Jesús. ¡Hay un rédito sorprendente y garantizado en su inversión!

CONCLUSIÓN

Así que volvamos a la pregunta que hicimos al principio de este capítulo: dado que las oportunidades y necesidades son ilimitadas, ¿cómo saber qué hacer y qué no hacer? No hay respuestas fáciles. Tenemos que examinar nuestros corazones y saber dónde somos propensos al miedo, al egoísmo y a la indiferencia. También tenemos que estar en guardia contra el orgullo y contra el deseo de ganarnos nuestra salvación por medio de obras de servicio. También sería sabio considerar nuestro servicio a la luz de nuestro papel en el más amplio ministerio de la iglesia local. Pero al final, la pregunta no es si el discipulado tendrá un costo —lo tendrá— sino ¿cuál es la mejor manera de invertir nuestras vidas en el reino de Cristo?

¿No crees que la recompensa es digna de invertir toda nuestra vida? ¿No es ver el reino de Dios en lugares difíciles, una perla de incalculable valor por la que vale la pena venderlo todo y comprarla?

REFERENCIAS

CAPÍTULO 1: ¿QUÉ ES LA POBREZA?

1. *When Helping Hurts: How to Alleviate Poverty without Hurting the Poor... and Yourself* (Chicago: Moody, 2009), 49-52.
2. *The Gospel in a Pluralist Society* (Grand Rapids, MI: Eerdmans, 1989), 222.
3. Tim Chester y Steve Timmis tratan muy bien este punto en *Total Church* (Wheaton, IL: Crossway, 2008), 59-60.

CAPÍTULO 2: ¿QUÉ EVANGELIO NECESITAN?

1. Para un examen más completo del mensaje del evangelio, véase el libro de Greg Gilbert, ¿Qué es el evangelio? (Publicaciones Faro de Gracia, 2012).
2. James Montgomery Boice, *Foundations of the Christian Faith: A Comprehensive and Readable Theology* (Downers Grove, IL: InterVarsity Press, 1986), 319.

CAPÍTULO 3: ¿IMPORTA LA DOCTRINA?

1. Para un análisis más detallado acerca de la necesidad de creer la verdadera doctrina para la salvación, léase el capítulo 3 del libro de Mike, ¿Soy realmente cristiano? (9Marks, 2014).
2. Solo hemos enumerado algunas de las posibles citas del libro de Hechos. Si estás interesado en ello, la doctrina llena

cada rincón de la predicación evangelizadora de los apóstoles y líderes de la Iglesia primitiva.

3. Un *mission hall* es un fenómeno propio de Escocia, Irlanda del Norte y algunas zonas de Inglaterra. Son grupos paraeclesiales formados por creyentes que tienen el objetivo de evangelizar. Actualmente los *mission halls* están en decadencia y se han ido cerrando. (Nota del traductor).

CAPÍTULO 4: EL PROBLEMA PARAECLESIAL

1. Para ser más claro, permíteme definir el uso que hago de la palabra *paraeclesial*. Según entiendo, una organización paraeclesial, normalmente, es un grupo oficialmente reconocido que se involucra en el bienestar social y la evangelización sin conectar su actividad a una iglesia o grupo específico de iglesias. El objetivo declarado de muchas de estas organizaciones es apoyar a las iglesias para ayudarlas a llevar a cabo algún aspecto concreto de su obra.

2. *How Parachurch Ministries Go Off the Rails*, 9Marks, 1 de marzo de 2011, http://www.9marks.org/article/journalhow-parachurch-ministries-go-rails/

CAPÍTULO 5: LA SOLUCIÓN DE LA IGLESIA LOCAL

1. J. Mack Stiles ofreció una útil definición de una iglesia local: «La iglesia es la asamblea local de creyentes, ordenada por Dios, que se han comprometido los unos con los otros. Se reúnen regularmente, enseñan la Palabra, celebran la comunión y el bautismo, disciplinan a sus miembros, establecen una estructura bíblica de liderazgo, oran y ofrendan juntos», *Nine Marks of a Healthy Parachurch Ministry*, 1

de marzo de 2011, 9Marks, http://www.9marks.org/journal/nine-marks-healthy-parachurch-ministry

2. Nota de Mike: lamentablemente, Mez se está refiriendo al fútbol europeo —*soccer*—, no al verdadero fútbol.

3. *La membresía de la iglesia*: Cómo sabe el mundo quién representa a Jesús (9Marks, 2013).

CAPÍTULO 6: LA LABOR DE LA EVANGELIZACIÓN

1. (9Marks, 2015), 33.

2. *Five Reasons to Embrace Unconditional Election*, desiring-God.org, 9 de julio de 2013, http://www.desiringgod.org/articles/five-reasons-to-embrace-unconditional-election/

CAPÍTULO 7: EL PAPEL DE LA PREDICACIÓN

1. *Between Two Worlds: The Art of Preaching in the Twentieth Century* (Grand Rapids, MI: Eerdmans, 1982), 137.

CAPÍTULO 9: PREPÁRATE

1. *The Scotsman* en línea, 18 de marzo de 2006, http://www.scotsman.com/news/new-church-forced-into-fortress-mentality-after-vandals-attack-1-974347/

2. Basil Jackson, *Psychology, Psychiatry, and the Pastor: Part II: Maturity in the Pastor and Parishioner, Bibliotheca Sacra* 135 (abril de 1975): 111-12.

CAPÍTULO 10: PREPARA LA OBRA

1. Dos libros extremadamente útiles y que nos ayudaron a pensar en cuanto a nuestro papel dentro de la iglesia fueron *Biblical Eldership* de Alexander Strauch (Colorado

Springs: Lewis & Roth, 2003) y *La iglesia deliberante* de Mark Dever y Paul Alexander (Faro de Gracia, 2008).

CAPÍTULO 12: ¿PREPARARSE PARA EL MINISTERIO DE MISERICORDIA?

1. Para una defensa más completa de esta idea (junto con una dosis saludable de las delicias y glorias del capitalismo de libre comercio), véase el libro de Kevin DeYoung y Greg Gilbert, ¿Cuál es la misión de la Iglesia? Entendiendo la justicia social, el *shalom y la gran comisión* (Editorial Peregrino, 2015).

2. Patrick Butler, *Food Banks Are 'a Slow Death of the Soul'*, *theguardian*, 25 de septiembre de 2013. http:// www.theguardian.com/society/2013/sep/25/ food-banks-slow-death-soul/

3. Ibíd.

4. Para más información acerca de lo que esto es en la práctica, visita 20Schemes.com

ÍNDICE DE CITAS BÍBLICAS

Made in United States
Orlando, FL
23 December 2021

12398918R10133